(사)한국어문회 주관
국가공인 한자능력검정시험

자꾸 공부 하고픈 책

3級Ⅱ 1500字

모의고사문제집

어문출판사

머 리 말

漢字는 하면 할수록 재밌습니다.

뜻을 알고 익힐 경우 그 속에 禮가 있고 그 속에 自然의 理致가 담겨져 있습니다. 漢字 하나 하나를 익히는 것이 아니라, 이런 眞正한 뜻의 漢字 工夫를 많이 함으로써 思考力과 理解力, 남을 配慮하는 마음을 길러 자라나는 아이들의 世上이 보다 따뜻해지고, 다른 學問을 하는데도 土臺가 되었으면 하는 바램입니다.

基本書에 이어 問題集을 出刊하는데 있어서 많은 분들의 高見에 感謝드리며 指導하기 便利하고 自習하기 좋도록 모든부분에서 訓音과 뜻풀이를 添加하여 깊이 있는 工夫가 되도록 心血을 기울여 만들었습니다.

아무쪼록 이 冊을 通해 段階的인 漢字工夫를 하여 人性에도 도움이 되며 他 科目에도 두루 影響을 끼치는 漢字로 거듭 나기를 바라면서, 더불어 漢字級數資格證까지 取得한다면 그 동안 忍耐하면서 漢字에 努力을 기울인 것에 대한 보람과 自信感을 가지게 될 것입니다.

이 冊으로 工夫하신 모든 분들의 合格을 祈願합니다.

編著者 씀

접수방법 ① 접수처방문 ② 인터넷접수

① 접수처방문 ・준비물: 사진2매(3×4)/한자성명/주민등록번호
전화번호/주소/우편번호
・고사장수용인원초과시 조기마감 될 수 있습니다.
・전국고사장 및 시험문의: 한국어문회 1566-1400
www.hanja.re.kr

② 인터넷접수 www.hangum.re.kr

◆2003년도 인터넷 원서 접수부터는 이용자약관에 동의하여 회원가입한 분만 인터넷 원서 접수 가능.

◆인터넷회원가입준비물 : 이름, 한자이름, 전화번호, 주소등의 인적사항과 스캔된 본인의 사진이미지.

◆먼저 회원가입을 해 놓은 응시자는 인터넷접수일자에 본인의 개인정보 및 사진정보등록 없이 로그인만 하면 바로 접수 가능.

③ 접수시기 ・대략 시험일의 2개월前
・(공인급수 특급~3Ⅱ) ┐ 1, 3, 5, 7, 9, 11월 넷째주 土시행
・(교육급수 4급 ~ 8급) ┘ (교육급수 11時, 공인급수 15時)

한자능력검정시험時 유의사항

1. 수험번호, 주민등록번호, 성명 반드시 기재
2. 검정볼펜 사용 (수정액사용)
3. 신분증 지참 (초등학생은 의료보험증 지참)
4. 답안지 칸에 벗어나지 않도록 작성
5. 답안지 낙서 금지
6. 대표훈음을 기재 (검토할 것)

우량상과 우수상의 施賞 基準

級數	總問項 (合格點)	優良賞			優秀賞			備考
		初等	中等	高等	初等	中等	高等	
3級Ⅱ	150 (105)	113	120	120	120	127	135	

第1回 한자능력검정시험 3급Ⅱ

(시험시간 : 60분)

※밑줄 친 漢字語 또는 제시된 漢字語의 讀音을 쓰시오.

1. 아버지께서 參萬원의 용돈을 주셨다. (   )
2. 감기몸살로 惡寒이 들다.   (   )
3. 도로 標識판을 보고 운전하다.   (   )
4. 우리나라는 鋼鐵 산업도 막강하다. (   )
5. 농촌은 啓蒙으로 잘 살게 되었다. (   )
6. 산을 貫通하여 터널을 만들다.   (   )
7. 꽃들이 만발한 奇巖의 숲.   (   )
8. 자주 들으면 洗腦가 된다.   (   )
9. 학생에게 용기 내라고 督勵하다. (   )
10. 여름엔 麥飯을 먹으면 시원하다. (   )
11. 장례식장으로 問喪을 갔다.   (   )
12. 옛날분들은 文盲이 많았다.   (   )
13. 오만과 거만으로 沒落 하였다.   (   )
14. 뒷동산은 桃花로 온통 하얗다.   (   )
15. 민물에서 사는 淡魚.   (   )
16. 부지런함으로 基盤이 탄탄하다. (   )
17. 왼쪽 뇌는 과학적 사고를 管掌한다. (   )
18. 맨드라미는 鷄冠같이 생겼다.   (   )
19. 그는 剛柔를 겸비한 인격자다.   (   )
20. 갑작스런 腹痛으로 병원에 가다. (   )
21. 比率(   )   22. 先輩(   )
23. 我執(   )   24. 快樂(   )
25. 運數(   )   26. 依賴(   )
27. 憂患(   )   28. 亞洲(   )
29. 純綿(   )   30. 石塔(   )
31. 鼻炎(   )   32. 覆蓋(   )
33. 卒倒(   )   34. 摘發(   )
35. 抵抗(   )   36. 疾病(   )
37. 鎭靜(   )   38. 彈倉(   )
39. 肅拜(   )   40. 候補(   )
41. 旋律(   )   42. 懸板(   )
43. 著者(   )   44. 縱走(   )
45. 非凡(   )

※다음 漢字의 訓과 音을 쓰시오.

46. 揮(   )   47. 波(   )
48. 智(   )   49. 腸(   )
50. 折(   )   51. 廳(   )
52. 阿(   )   53. 恨(   )
54. 混(   )   55. 烏(   )
56. 殊(   )   57. 稱(   )
58. 斜(   )   59. 弊(   )
60. 暇(   )   61. 涼(   )
62. 慕(   )   63. 旬(   )
64. 佳(   )   65. 獄(   )
66. 累(   )   67. 述(   )
68. 錯(   )   69. 揚(   )
70. 輸(   )   71. 廢(   )
72. 巧(   )

※다음 밑줄 친 漢字語를 漢字로 쓰시오.

73. 해운대의 누리마루는 시설이 잘되어 있다.
   ·························· (   )
74. 책을 통해서 간접 경험을 한다.
   ·························· (   )
75. 시대에 역행하는 행동은 하지 말자.
   ·························· (   )
76. 이번 연극에서 형사 역을 연기하다.
   ·························· (   )
77. 학생들의 중국 유학이 늘고 있다.
   ·························· (   )
78. 한자공부가 의도대로 잘된다.
   ·························· (   )
79. 출판업은 원고 작업이 중요하다.
   ·························· (   )
80. 착륙시는 저공으로 나는 비행기.
   ·························· (   )
81. 국가 간에 협상을 제의하다.
   ·························· (   )
82. 전염이 되는 조류독감은 조심해야죠.
   ·························· (   )
83. 서울은 국제 도시.
   ·························· (   )
84. 금강산의 미려함에 감탄하였다.
   ·························· (   )

한자능력검정시험時 유의사항

1. 수험번호, 주민등록번호, 성명 반드시 기재
2. 검정볼펜 사용 (수정액사용)
3. 신분증 지참 (초등학생은 의료보험증 지참)
4. 답안지 칸에 벗어나지 않도록 작성
5. 답안지 낙서 금지
6. 대표훈음을 기재 (검토할 것)

우량상과 우수상의 施賞 基準

級數	總問項 (合格點)	優良賞			優秀賞			備考
		初等	中等	高等	初等	中等	高等	
3級Ⅱ	150 (105)	113	120	120	120	127	135	

제1회

85. 부모님의 은혜에 <u>보은</u>하자. ………… ( )
86. 순천에 있는 송광사는 유명한 <u>사원</u>. ………… ( )
87. 자신의 일을 돌이켜 살피는 일을 <u>성찰</u>. ………… ( )
88. 아버지께서는 <u>농협</u>에 근무하신다. ………… ( )
89. 집을 다시 <u>개축</u>하다. ………… ( )
90. 선행을 하면 <u>공덕</u>이 쌓아진다. ………… ( )
91. 대한민국 <u>국보</u> 제1호는 남대문이다. ………… ( )
92. 한자자격증을 취득하기 위해 <u>노력</u>하다. ………… ( )
93. 조물주가 우주를 <u>창조</u>하시다. ………… ( )
94. 가볍게 <u>체조</u>를 하고 운동하자. ………… ( )
95. 합하여 계산하는 것을 <u>총계</u>라지요. ………… ( )
96. 관공서가 많이 <u>친절</u>해졌다. ………… ( )
97. 인권을 <u>침해</u>하는 말은 삼가자. ………… ( )
98. 고향 반대는 <u>타향</u>. ………… ( )
99. 인간의 능력은 <u>한계</u>가 있다. ………… ( )
100. 남극 <u>항로</u>를 개설한 탐험대. ………… ( )
101. 문제의 <u>해답</u>이 자세히 나온 책이 좋다. ………… ( )
102. 나의 <u>희망</u>은 치과의사. ………… ( )

※反對·相對되는 漢字로 單語를 完成하시오.

103. ( )-裏 104. ( )-惡 105. 禍-( )
106. ( )-吸 107. ( )-愚

※反對語를 漢字로 적으시오.

108. ( )-浪費
109. ( )-質疑 110. ( )-差別
111. ( )-寒冷 112. ( )-姉妹

※다음 故事成語를 完成하시오.

113. 君爲( )綱 114. 紅爐點( )
115. 父爲( )綱 116. 皮骨相( )
117. 夫爲( )綱 118. 喜怒哀( )
119. 晝耕( )讀 120. 浩然之( )
121. 天高( )肥 122. ( )邪顯正

※같은 뜻의 漢字를 넣어 單語를 完成하시오.

123. 街-( ) 124. ( )-寧 125. ( )-損
126. 居-( ) 127. ( )-視

※첫소리가 장음인 것을 고르시오.

128. ( ) : ①想念 ②詳細 ③相談 ④商品
129. ( ) : ①長點 ②長男 ③長短 ④長歌
130. ( ) : ①革新 ②方向 ③公論 ④我軍
131. ( ) : ①復命 ②復興 ③復習 ④復位
132. ( ) : ①四苦 ②社告 ③事故 ④思考

※音은 같으나 뜻이 다른 漢字語를 쓰시오.

133. 玄裳 : ( ) 현재의 상태나 모양
134. 厚待 : ( ) 뒤를 잇는 세대
135. 眞秀 : ( ) 새로 만든 배를 처음으로 물에 띄움
136. 地球 : ( ) 오래전부터 사귀어 온 친한 벗
137. 酒道 : ( ) 주장이 되어 이끌거나 인도함

※다음 漢字語의 뜻을 쓰시오.

138. 懇請 : ( )
139. 朝飯 : ( )
140. 貞節 : ( )
141. 介入 : ( )
142. 貢獻 : ( )

※다음 漢字의 部首를 쓰시오.

143. 壽( ) 144. 齊( ) 145. 去( )
146. 原( ) 147. 角( )

※漢字의 略字를 쓰시오.

148. 獨( ) 藝( )
149. 虛( ) 實( )
150. 狀( ) 將( )

105점 이상 합격!
150

제8회

85. 사회의 <u>비리</u>를 파헤치다. ( )
86. 할머니 산소에 <u>벌초</u>를 하다. ( )
87. 새 집에 예쁜 <u>벽지</u>를 발랐다. ( )
88. 집에서는 <u>사무</u>를 보지 말자. ( )
89. 불우이웃 돕기 <u>성금</u>을 내자. ( )
90. 종교의 지도자는 <u>신성</u>한 존재다. ( )
91. 우리의 <u>속담</u>을 몇 개나 알고 있을까? ( )
92. 나라를 다스리기 전에 자신을 <u>수신</u>. ( )
93. 음력 5월 5일은 <u>단오</u>절. ( )
94. 우리 <u>담임</u>선생님은 호랑이 선생님. ( )
95. 월드컵에서 한국과 독일의 숙명적인 <u>대결</u>. ( )
96. 누나는 신문 <u>기자</u>이다. ( )
97. 원서접수 <u>기한</u>은 언제까지야? ( )
98. 방학동안에 제주도 <u>관광</u>을 해야지. ( )
99. 학교에서 <u>교양</u>을 먼저 가르치면 좋다. ( )
100. 국민이 잘사는 것은 <u>경제</u>발전. ( )
101. 종혁이는 <u>개성</u>이 뚜렷하다. ( )
102. 우리나라는 <u>온대</u> 기후이다. ( )

※反對·相對되는 漢字로 單語를 完成하시오.

103. 師-( ) 104. 貧-( ) 105. 夫-( )
106. 腹-( ) 107. 方-( )

※反對語를 漢字로 적으시오.

108. ( )-勝因
109. ( )-被告 110. ( )-他律
111. ( )-與黨 112. ( )-緩行

※다음 故事成語를 完成하시오.

113. 孟母( )機   114. 權謀術( )
115. 同族( )殘   116. 東奔西( )
117. 同( )紅裳   118. 大( )晩成
119. 吉凶禍( )   120. 內憂外( )
121. 人( )獸心   122. 日久月( )

※같은 뜻의 漢字를 넣어 單語를 完成하시오.

123. 崇-( ) 124. ( )-繼 125. ( )-設
126. 試-( ) 127. ( )-賴

※첫소리가 장음인 것을 고르시오.

①共用 ②公用 ③公害 ④公海 ⑤過去 ⑥科學
⑦果實 ⑧課長 ⑨課程 ⑩過程 ⑪交感 ⑫校監

128. ( ) 129. ( ) 130. ( )
131. ( ) 132. ( )

※音은 같으나 뜻이 다른 漢字語를 쓰시오.

133. 射手:( ) 목숨을 걸고 지킴
134. 喪家:( ) 상점이 많이 늘어서 있는 거리
135. 賞狀:( ) 주식을 거래소에 등록하는 일
136. 小才:( ) 만드는데 바탕이 되는 재료
137. 所載:( ) 있는 바(있는 곳)

※다음 漢字語의 뜻을 쓰시오.

138. 生栗:( )
139. 浮力:( )
140. 臨戰:( )
141. 亦是:( )
142. 雲集:( )

※다음 漢字의 部首를 쓰시오.

143. 憂( ) 144. 武( ) 145. 求( )
146. 甘( ) 147. 卑( )

※漢字의 略字를 쓰시오.

148. 樂( ) 藥( )
149. 無( ) 定( )
150. 禮( ) 舊( )

105점 이상 합격!
150

※ 다음 글에서 밑줄 친 單語중 한글표기는 漢字로, 漢字표기는 한글로 고쳐 쓰시오.

인간의 삶이 모두 그러하듯이 원만(98)하게 사람을 다스리자면 개인(99)적인 사무보다는 공익(100)을 앞세우는 공적인 업무(101)에 보다 더욱 신중한 배려가 요구되는 것이다. 아무리 뛰어난 정치(102)가라도 사건에만 몰두하여 올바른 가치관이 결여되어 있다면 그를 따르는 모든 백성(103)들의 앞날은 고난과 危險(104)을 면할 수 없을 것이다. 백성들의 신의를 잃지 않으려면 국비를 절약(105)하고 편파적인 사고(106) 방식(107)을 근절(108)시켜야 한다. 독선(109)이 불러 들이는 부작용(110)으로 인한 사회의 混亂(111), 무질서의 세계(112)가 될 것이다. 또한 덕을 갖춘 정치가에게는 신뢰감을 바탕으로 백성들을 받들어서 현재보다 발전(113)된 내일을 기약해야 한다. 假飾(114)으로 위장된 진실, 그리고 믿을 수 없는 사람의 설교(115)도 많을 것이다. 링컨이 훌륭한 지도자이지만 그의 노예해방운동을 극력 반대(116)하는 사람도 있었다.

이와 같은 예(117)로 볼 때 현대 정치 생활(118)에 있어서 신의(119)의 喪失(120)과 衰退(121)는 민주정치의 치명적(122)인 결함이다.

공자는 덕치에서 백성에 대한 신의를 강조(123)하였다. 따라서 정치가는 조변석개(124) 같은 얄팍한 변덕을 부리지 말고 애민 양육(125)을 해야함은 너무나 당연(126)한 이론(127)인 것이다.

<논어에서>

98. 원만 ( )   99. 개인 ( )
100. 공익 ( )   101. 업무 ( )
102. 정치 ( )   103. 백성 ( )
104. 危險 ( )   105. 절약 ( )
106. 사고 ( )   107. 방식 ( )
108. 근절 ( )   109. 독선 ( )
110. 부작용 ( )   111. 混亂 ( )
112. 세계 ( )   113. 발전 ( )
114. 假飾 ( )   115. 설교 ( )
116. 반대 ( )   117. 예 ( )
118. 생활 ( )   119. 신의 ( )
120. 喪失 ( )   121. 衰退 ( )
122. 치명적 ( )   123. 강조 ( )
124. 조변석개 ( )   125. 양육 ( )
126. 당연 ( )   127. 이론 ( )

※ 첫소리가 장음인 것을 고르시오.

①但書 ②審問 ③歸家 ④季刊 ⑤請求
⑥亂動 ⑦氣運 ⑧啓導 ⑨猛獸 ⑩倫理

128. ( )   129. ( )   130. ( )
131. ( )   132. ( )

※ 音은 같으나 뜻이 다른 漢字語를 쓰시오.

133. 加擊 : ( ) 값
134. 鄕愁 : ( ) 화장품의 한 가지
135. 甘受 : ( ) 수를 줄임
136. 結社 : ( ) 죽음을 각오함
137. 敬老 : ( ) 지나는 길

※ 다음 漢字語의 뜻을 쓰시오.

138. 諸君 : ( )
139. 漸次 : ( )
140. 痛症 : ( )
141. 我執 : ( )
142. 假裝 : ( )

※ 다음 漢字의 部首를 쓰시오.

143. 尙 ( )   144. 風 ( )   145. 就 ( )
146. 與 ( )   147. 亞 ( )

※ 漢字의 略字를 쓰시오.

148. 學 ( ) 擧 ( )
149. 解 ( ) 興 ( )
150. 缺 ( ) 齒 ( )

105점 이상 합격!
/150

기출예상문제 [가]

※다음 밑줄 친 漢字語를 漢字로 쓰시오.

▷ 학생(93)들의 관심(94)사는 어떻게 하면 학업에 집중(95)하여 최대(96)의 효과(97)를 얻는가이다.
▷ 그 광고(98)는 현대인(99)에게 당신(100)은 과연 누구인가를 묻고 있다.
▷ 방과후(101) 수업(102)은 특별하게 실시(103)되었다.
▷ 소유(104)하고 있는 물질(105)을 위주(106)로 셈하는 것은 행복의 질을 제시(107)하는 좋은 방법(108)이 아니다.
▷ 강사(109)는 연구(110)한 내용(111)을 매주(112) 전원(113)에게 발표(114)시켜, 공동(115)으로 협의(116)하고 배경(117) 지식(118)을 설명(119)하는 식으로 수업의 통합(120)을 강조(121)하며 진행(122)하였다.

93. 학생 (　　　) 94. 관심 (　　　)
95. 집중 (　　　) 96. 최대 (　　　)
97. 효과 (　　　) 98. 광고 (　　　)
99. 현대인 (　　　) 100. 당신 (　　　)
101. 방과후 (　　　) 102. 수업 (　　　)
103. 실시 (　　　) 104. 소유 (　　　)
105. 물질 (　　　) 106. 위주 (　　　)
107. 제시 (　　　) 108. 방법 (　　　)
109. 강사 (　　　) 110. 연구 (　　　)
111. 내용 (　　　) 112. 매주 (　　　)
113. 전원 (　　　) 114. 발표 (　　　)
115. 공동 (　　　) 116. 협의 (　　　)
117. 배경 (　　　) 118. 지식 (　　　)
119. 설명 (　　　) 120. 통합 (　　　)
121. 강조 (　　　) 122. 진행 (　　　)

※다음 故事成語를 完成하시오.

123. 甲(　　)乙女　　124. 驚天(　　)地
125. 夫(　　)婦隨　　126. 落花(　　)水
127. 犬(　　)之勞　　128. 孤掌(　　)鳴
129. 百(　　)老將　　130. 三旬九(　　)
131. 萬(　　)不變　　132. 近朱者(　　)

※音은 같으나 뜻이 다른 漢字語를 쓰시오.

133. 五氣 : (　　　　　) 잘못 적음.
134. 壽酒 : (　　　　　) 주문을 받음.
135. 善否 : (　　　　　) 돌아가신 아버지.
136. 碑銘 : (　　　　　) 뜻밖의 재난으로 죽음.
137. 介然 : (　　　　　) 연극, 연설등을 시작함.

※다음 한자어의 뜻을 쓰시오.

138. 默殺 : (　　　　　　　　　)
139. 禽獸 : (　　　　　　　　　)
140. 橋梁 : (　　　　　　　　　)
141. 奪還 : (　　　　　　　　　)
142. 漏刻 : (　　　　　　　　　)

※다음 漢字의 部首를 쓰시오.

143. 脚(　　) 144. 多(　　) 145. 度(　　)
146. 奉(　　) 147. 少(　　)

※다음 漢字의 略字를 쓰시오.

148. 假(　　) 149. 黨(　　) 150. 聲(　　)

檢討하고 提出하십시오. 105點 以上 合格

[　　　　點]

■ 사단법인 한국어문회·한자능력검정회 주관

수험번호 □□□-□□-□□□□ 성명 □□□□□
주민등록번호 □□□□□□-□□□□□□□
※ 유성 싸인펜, 붉은색 필기구 사용 불가.
※답안지는 컴퓨터로 처리되므로 구기거나 더럽히지 마시고, 정답 칸 안에만 쓰십시오. 글씨가 채점란으로 들어오면 오답처리가 됩니다.

전국한자능력검정시험   급   회 답안지

번호	답안란	번호	답안란	번호	답안란	번호	답안란	번호	답안란	번호	답안란
1		26		51		76		101		126	
2		27		52		77		102		127	
3		28		53		78		103		128	
4		29		54		79		104		129	
5		30		55		80		105		130	
6		31		56		81		106		131	
7		32		57		82		107		132	
8		33		58		83		108		133	
9		34		59		84		109		134	
10		35		60		85		110		135	
11		36		61		86		111		136	
12		37		62		87		112		137	
13		38		63		88		113		138	
14		39		64		89		114		139	
15		40		65		90		115		140	
16		41		66		91		116		141	
17		42		67		92		117		142	
18		43		68		93		118		143	
19		44		69		94		119		144	
20		45		70		95		120		145	
21		46		71		96		121		146	
22		47		72		97		122		147	
23		48		73		98		123		148	
24		49		74		99		124		149	
25		50		75		100		125		150	

감독위원	채점위원(1)	채점위원(2)	채점위원(3)	점수
(서명)	(득점) (서명)	(득점) (서명)	(득점) (서명)	/150

모의고사문제정답

3Ⅱ 제16회

#	답	#	답	#	답
1	원한	51	어금니아	101	명백
2	유적	52	가슴 흉	102	의욕
3	장수	53	익힐 습	103	老學者
4	회귀	54	샘 천	104	世代
5	축하	55	밝을 철	105	歲月
6	취흥	56	탑 탑	106	志操
7	건각	57	낱 개	107	純一
8	임대	58	집 주	108	信念
9	정원	59	기 기	109	高貴
10	평전	60	아침 단	110	獨立
11	토양	61	매화 매	111	運動
12	여유	62	호반 무	112	政治
13	삼강	63	웃음 소	113	增加
14	역할	64	①	114	退步
15	거리	65	③	115	下降
16	탈옥	66	②	116	報恩
17	음양	67	③	117	失敗
18	미모	68	③	118	⑥
19	보통	69	秋	119	①
20	유림	70	夜	120	③
21	약속	71	新	121	⑦
22	왕릉	72	惡	122	④
23	비극	73	孫	123	九
24	혈맹	74	朝鮮	124	肉
25	가교	75	先生	125	安
26	애독	76	색채	126	交/約/材
27	예선	77	民族	127	必
28	청소	78	感情	128	勝
29	하계	79	時調	129	田
30	길흉	80	講義	130	食
31	위원	81	事實	131	五
32	투고	82	精神	132	心
33	우유	83	直結	133	死地
34	공군	84	多幸	134	史前
35	공경	85	絶望	135	過去
36	창문	86	教育	136	改良
37	그르칠오	87	定式	137	政府
38	다를 타	88	日本	138	참고 견딤
39	사랑 자	89	윤리	139	끝까지달림
40	임금 군	90	人口	140	두부모님
41	길 영	91	雄飛	141	모래벌판
42	서리 상	92	法律	142	처음 만듦
43	보일 시	93	公用	143	日
44	두터울후	94	規制	144	子
45	한가할한	95	해석	145	宀
46	새 조	96	우수	146	勹
47	계집종비	97	課程	147	艹
48	눈 설	98	단계	148	会
49	깃 우	99	數	149	区
50	권세 권	100	간단	150	万

3Ⅱ 제17회

#	답	#	답	#	답
1	판결	51	줄기 맥	101	代案
2	양도	52	살찔 비	102	友好
3	근거	53	무늬 문	103	關係
4	투쟁	54	사랑채랑	104	유지
5	치환	55	무리 류	105	重要
6	충격	56	소반 반	106	教師
7	개혁	57	뽑을 발	107	基本
8	계획	58	모양 모	108	授業
9	공약	59	받을 봉	109	侵害
10	효율	60	다리 각	110	支給
11	저자	61	쌓을 저	111	背景
12	승진	62	고할 고	112	精神
13	낭비	63	무리 등	113	確認
14	박복	64	공 공	114	原則
15	절반	65	자주빛자	115	政府
16	부패	66	긴할 긴	116	集團
17	유혹	67	힘쓸 노	117	責任
18	겸비	68	성낼 노	118	利
19	이륙	69	그윽할유	119	空
20	비행	70	③	120	煙
21	모범	71	④	121	爲
22	근육	72	③	122	滅
23	상황	73	②	123	濟
24	발사	74	①	124	變
25	계기	75	斷	125	葉
26	균형	76	急	126	麗
27	위험	77	眞	127	走
28	심각	78	買	128	③
29	적절	79	呼	129	①
30	무장	80	建設	130	④
31	억지	81	快樂	131	②
32	정세	82	着席	132	⑤
33	생존	83	內容	133	高度
34	번영	84	恩惠	134	右手
35	목표	85	大統領	135	商術
36	우려	86	意圖	136	面識
37	동맹	87	如前	137	下界
38	몽상	88	過小	138	좋은배우자
39	박차	89	평가	139	요구를받아들여허락함
40	부담	90	安保	140	설날
41	주변	91	위협	141	탄식하는소리
42	위로	92	明記	142	앉아서보기만함
43	진흙 니	93	多幸	143	寸
44	띠 대	94	當然	144	工
45	낯 안	95	分量	145	凵
46	벌릴 라	96	獨自的	146	戈
47	골 동	97	現實性	147	目
48	비낄 사	98	方法	148	欠
49	숨길 비	99	平和	149	区
50	볼 람	100	强化	150	兴

3Ⅱ 제18회

#	답	#	답	#	답
1	통곡	51	찾을 방	101	正直
2	녹화	52	자랑할과	102	一世
3	회유	53	본뜰 모	103	筆法
4	동상	54	쓸 소	104	기묘
5	염소	55	의뢰할뢰	105	德行
6	궁색	56	갑자기홀	106	겸비
7	침구	57	넘을 월	107	新入
8	유희	58	뜻 취	108	社員
9	천대	59	편안할일	109	面接
10	약간	60	따를 수	110	水準
11	희미	61	속 리	111	考課
12	긴박	62	사이뜰격	112	實施
13	체납	63	부칠 부	113	感知
14	잠적	64	빼앗을탈	114	原因
15	간청	65	오히려유	115	樹立
16	답습	66	②	116	技術
17	부양	67	④	117	必要
18	압축	68	①	118	無
19	돌기	69	③	119	獨
20	촉매	70	②	120	難
21	삭제	71	愛	121	支
22	투철	72	益	122	仙
23	환희	73	陰	123	齒
24	장려	74	背	124	寒
25	추억	75	單	125	變
26	융숭	76	承認	126	盛
27	현저	77	和解	127	笑
28	경화	78	惡化	128	④
29	천박	79	遠洋	129	⑦
30	맥락	80	義務	130	①
31	철권	81	當局	131	⑤
32	영혼	82	後援	132	②
33	비만	83	全體	133	加工
34	칭송	84	活氣	134	師弟
35	정숙	85	헌신	135	調査
36	우려	86	結果	136	主演
37	막역	87	勞苦	137	救助
38	강녕	88	치하	138	부지런함
39	밀칠 배	89	俗談	139	불을 끔
40	익숙할관	90	眞理	140	숨어서 삶
41	호걸 호	91	達觀	141	가락지
42	이를 위	92	所産	142	강을 건넘
43	잡을 집	93	佛教	143	儿
44	보낼 수	94	귀신	144	口
45	쓸 비	95	經書	145	子
46	다락 루	96	주역	146	母
47	자취 적	97	自信	147	木
48	짐승 축	98	性格	148	軽
49	깨달을오	99	親密	149	灯
50	주춧돌초	100	賢明	150	声

85. 부모님의 은혜에 보은하자. ( )
86. 순천에 있는 송광사는 유명한 사원. ( )
87. 자신의 일을 돌이켜 살피는 일을 성찰. ( )
88. 아버지께서는 농협에 근무하신다. ( )
89. 집을 다시 개축하다. ( )
90. 선행을 하면 공덕이 쌓아진다. ( )
91. 대한민국 국보 제1호는 남대문이다. ( )
92. 한자자격증을 취득하기 위해 노력하다. ( )
93. 조물주가 우주를 창조하시다. ( )
94. 가볍게 체조를 하고 운동하자. ( )
95. 합하여 계산하는 것을 총계라지요. ( )
96. 관공서가 많이 친절해졌다. ( )
97. 인권을 침해하는 말은 삼가자. ( )
98. 고향 반대는 타향. ( )
99. 인간의 능력은 한계가 있다. ( )
100. 남극 항로를 개설한 탐험대. ( )
101. 문제의 해답이 자세히 나온 책이 좋다. ( )
102. 나의 희망은 치과의사. ( )

※反對・相對되는 漢字로 單語를 完成하시오.

103. ( )-裏 104. ( )-惡 105. 禍-( )
106. ( )-吸 107. ( )-愚

※反對語를 漢字로 적으시오.

108. ( )-浪費
109. ( )-質疑
110. ( )-差別
111. ( )-寒冷
112. ( )-姉妹

※다음 故事成語를 完成하시오.

113. 君爲( )綱 114. 紅爐點( )
115. 父爲( )綱 116. 皮骨相( )
117. 夫爲( )綱 118. 喜怒哀( )
119. 晝耕( )讀 120. 浩然之( )
121. 天高( )肥 122. ( )邪顯正

※같은 뜻의 漢字를 넣어 單語를 完成하시오.

123. 街-( ) 124. ( )-寧 125. ( )-損
126. 居-( ) 127. ( )-視

※첫소리가 장음인 것을 고르시오.

128. ( ) : ①想念 ②詳細 ③相談 ④商品
129. ( ) : ①長點 ②長男 ③長短 ④長歌
130. ( ) : ①革新 ②方向 ③公論 ④我軍
131. ( ) : ①復命 ②復興 ③復習 ④復位
132. ( ) : ①四苦 ②社告 ③事故 ④思考

※音은 같으나 뜻이 다른 漢字語를 쓰시오.

133. 玄裳 : ( ) 현재의 상태나 모양
134. 厚待 : ( ) 뒤를 잇는 세대
135. 眞秀 : ( ) 새로 만든 배를 처음으로 물에 띄움
136. 地球 : ( ) 오래전부터 사귀어 온 친한 벗
137. 酒道 : ( ) 주장이 되어 이끌거나 인도함

※다음 漢字語의 뜻을 쓰시오.

138. 懇請 : ( )
139. 朝飯 : ( )
140. 貞節 : ( )
141. 介入 : ( )
142. 貢獻 : ( )

※다음 漢字의 部首를 쓰시오.

143. 壽( ) 144. 齊( ) 145. 去( )
146. 原( ) 147. 角( )

※漢字의 略字를 쓰시오.

148. 獨( ) 藝( )
149. 虛( ) 實( )
150. 狀( ) 將( )

105점 이상 합격!
150

第2回 한자능력검정시험 3급 II

(시험시간 : 60분)

※밑줄 친 漢字語 또는 제시된 漢字語의 讀音을 쓰시오.

1. 이번일은 輕率해서 그랬다. ( )
2. 학교에서 賞狀을 받다. ( )
3. 서로 주고받을 것을 相殺하다. ( )
4. 인구감소로 출산을 獎勵하다. ( )
5. 사람을 戱弄하면 안 된다. ( )
6. 수영을 꾸준히 해서 胸圍가 늘어났다. ( )
7. 강원도에 있는 江陵으로 떠나다. ( )
8. 여름에는 溪谷이 시원하다. ( )
9. 해수욕장 모래의 感觸이 좋았다. ( )
10. 좋은 물건인지 鑑定을 해보다. ( )
11. 이 땅은 작물이 잘 자라는 耕地다. ( )
12. 나라마다 慣習이 다르다. ( )
13. 韻律에 맞춰 시를 낭독하다. ( )
14. 공장에서 일하고 勞賃을 받는다. ( )
15. 미대에서 陶藝를 전공하다. ( )
16. 삼촌은 지방 官署로 발령 나다. ( )
17. 친목 圖謀를 위해 여행을 떠나다. ( )
18. 홀씨를 날리는 媒體는 바람이다. ( )
19. 살다보면 勿論 어려움도 있다. ( )
20. 나도 墨畵를 잘 그리고 싶다. ( )
21. 帳幕( ) 22. 報償( )
23. 碑銘( ) 24. 普及( )
25. 肥料( ) 26. 釋放( )
27. 熟達( ) 28. 阿附( )
29. 雅量( ) 30. 沿革( )
31. 演奏( ) 32. 宇宙( )
33. 疑惑( ) 34. 陰濕( )
35. 連載( ) 36. 軟弱( )
37. 戀愛( ) 38. 族譜( )
39. 震央( ) 40. 沈默( )
41. 包含( ) 42. 捕卒( )
43. 橫財( ) 44. 滯症( )
45. 陳述( )

※다음 漢字의 訓과 音을 쓰시오.

46. 覺( ) 47. 符( )
48. 卵( ) 49. 聽( )
50. 憤( ) 51. 點( )
52. 讓( ) 53. 麻( )
54. 織( ) 55. 離( )
56. 判( ) 57. 屈( )
58. 儒( ) 59. 拳( )
60. 菊( ) 61. 紋( )
62. 詞( ) 63. 貿( )
64. 憂( ) 65. 昇( )
66. 拾( ) 67. 浪( )
68. 辱( ) 69. 債( )
70. 瞬( ) 71. 聯( )
72. 彩( )

※다음 밑줄 친 漢字語를 漢字로 쓰시오.

73. 올림픽에서 금메달을 획득한 탁구 선수.
.... ( )
74. 물은 부피는 있지만 형태가 없다.
.... ( )
75. 국무 총리는 옛날 영의정이다.
.... ( )
76. 원래는 마음의 작은 선물을 촌지라 했다.
.... ( )
77. 기업의 운명은 제품이 좌우한다.
.... ( )
78. IMF에서 다시 재기한 기업가들.
.... ( )
79. 독도는 울릉도 동남쪽에 위치 한다.
.... ( )
80. 여행 중 간단히 쓸 수 있는 우편 엽서.
.... ( )
81. 여름철에는 식기를 소독 해 쓰자.
.... ( )
82. 수상한 사람을 보면 신고해야 한다.
.... ( )
83. 아이들은 어머니의 세심한 손길이 필요하다.
.... ( )
84. 우리의 소원은 통일.
.... ( )

85. 세뱃돈으로 <u>삼만</u>원을 주신 삼촌이 좋다. ( )
86. 신문을 보면 <u>상식</u>이 많아진다. ( )
87. 우리는 부모님의 <u>보호</u>아래 성장한다. ( )
88. 다같이 사회에 <u>봉사</u>합시다. ( )
89. 친구를 기다리게 해서 <u>미안</u>했다. ( )
90. 요즘 남자들도 <u>미용</u>실에서 머리를 깎는다. ( )
91. 아무리 좋아도 지나치면 <u>독약</u>이 된다. ( )
92. 많은 사고와 연구로 <u>독창</u>성이 생긴다. ( )
93. 할머니의 눈은 <u>노안</u>이시다. ( )
94. 탁상공론의 <u>논쟁</u>을 일삼는 국회. ( )
95. 현대는 <u>국제</u>화 시대. ( )
96. 나라의 역군은 <u>군대</u>에 있는 장병. ( )
97. 학교수업외 <u>과외</u>공부도 열심인 학생들. ( )
98. 근호는 <u>교우</u>관계가 좋은 학생이다. ( )
99. 대통령선거 <u>개표</u> 상황에 이목이 집중된다. ( )
100. 적당한 운동이 <u>건강</u>에 최고이다. ( )
101. 농민들의 <u>가두</u> 시위가 열렸다. ( )
102. 아이들 싸움에 어른이 <u>가세</u>하다. ( )

※反對·相對되는 漢字로 單語를 完成하시오.

103. 贊-( ) 104. ( )-散 105. 進-( )
106. 增-( ) 107. ( )-僞

※反對語를 漢字로 적으시오.

108. ( )-拒否
109. ( )-成功 110. ( )-光明
111. ( )-結果 112. ( )-依他

※다음 故事成語를 完成하시오.

113. 君臣有( ) 114. 坐井( )天
115. 父子有( ) 116. 下( )( )臺
117. 夫婦有( ) 118. 厚顔( )恥
119. 長幼有( ) 120. 興( )( )衰
121. 衆口難( ) 122. 鶴( )( )待

※같은 뜻의 漢字를 넣어 單語를 完成하시오.

123. ( )-謠 124. 堅-( ) 125. 繼-( )
126. ( )-歷 127. 契-( )

※첫소리가 장음인 것을 고르시오.

128. ( ) : ①射手 ②死守 ③師受 ④死水
129. ( ) : ①宗門 ②宗山 ③種類 ④種子
130. ( ) : ①充當 ②片肉 ③餘韻 ④降臨
131. ( ) : ①幕間 ②戒嚴 ③音響 ④稀微
132. ( ) : ①往復 ②圓滿 ③餘暇 ④煙氣

※音은 같으나 뜻이 다른 漢字語를 쓰시오.

133. 折稅 : ( ) 절세미인
134. 全通 : ( ) 옛날부터 내려온 관습
135. 政黨 : ( ) 몸채의 대청(안당)
136. 調査 : ( ) 어떤 학파를 처음 세운 사람
137. 調和 : ( ) 종이나 헝겊 따위로 만든 꽃

※다음 漢字語의 뜻을 쓰시오.

138. 薄利 : ( )
139. 近者 : ( )
140. 克己 : ( )
141. 直徑 : ( )
142. 事項 : ( )

※다음 漢字의 部首를 쓰시오.

143. 耐( ) 144. 辯( ) 145. 支( )
146. 威( ) 147. 走( )

※漢字의 略字를 쓰시오.

148. 應( ) 壓( )
149. 團( ) 質( )
150. 長( ) 陰( )

105점 이상 합격!
/150

第3回 한자능력검정시험 3급Ⅱ

(시험시간 : 60분)

※밑줄 친 漢字語 또는 제시된 漢字語의 讀音을 쓰시오.

1. 고려시대 관공문서에 <u>吏讀</u>를 썼다. (　　　)
2. 나는 차 중에는 <u>綠茶</u>를 좋아한다. (　　　)
3. 예리한 칼로 <u>刺殺</u> 했다. (　　　)
4. 떠오르는 해를 보며 <u>喜悅</u>을 느끼다. (　　　)
5. <u>戲劇</u>을 보노라면 즐겁다. (　　　)
6. 범인은 <u>裁判</u>을 받아 죄를 정한다. (　　　)
7. 농장에서 복숭아나무를 <u>栽培</u>한다. (　　　)
8. 서로 정해진 <u>條項</u>을 지켜야한다. (　　　)
9. 경기불황으로 <u>滯納</u>이 되어있다. (　　　)
10. 대궐 <u>朝廷</u>에서 정치를 의논한다. (　　　)
11. 제사음식을 장만하고 <u>陳設</u>하다. (　　　)
12. 경상북도 <u>浦港</u>으로 여행을 갔다. (　　　)
13. 장마로 물에 집이 <u>浸透</u> 되었다. (　　　)
14. 감기가 심하면 <u>肺炎</u>이 된다. (　　　)
15. 철봉은 <u>懸垂</u>운동에 해당된다. (　　　)
16. 생명이 위독한 사람에게 <u>獻血</u>을 하다. (　　　)
17. 무단으로 도로를 <u>橫斷</u> 해서는 안된다. (　　　)
18. 죄를 뉘우치고 <u>悔改</u>의 눈물을 흘리다. (　　　)
19. 뜻밖에 <u>荒唐</u>한 일이 터졌다. (　　　)
20. 화재발생으로 공장이 <u>閉鎖</u>되었다. (　　　)
21. 貞節 (　　　)
22. 漆板 (　　　)
23. 寢臺 (　　　)
24. 徹底 (　　　)
25. 才弄 (　　　)
26. 莊嚴 (　　　)
27. 智慧 (　　　)
28. 意譯 (　　　)
29. 音響 (　　　)
30. 淫亂 (　　　)
31. 隆昌 (　　　)
32. 憂慮 (　　　)
33. 沿邊 (　　　)
34. 獸醫 (　　　)
35. 壽宴 (　　　)
36. 比較 (　　　)
37. 緊急 (　　　)
38. 寶鑑 (　　　)
39. 修養 (　　　)
40. 徐步 (　　　)
41. 別途 (　　　)
42. 貿易 (　　　)
43. 無顔 (　　　)
44. 陶器 (　　　)
45. 勤愼 (　　　)

※다음 漢字의 訓과 音을 쓰시오.

46. 刻 (　　　)
47. 隨 (　　　)
48. 漏 (　　　)
49. 泉 (　　　)
50. 批 (　　　)
51. 專 (　　　)
52. 燃 (　　　)
53. 悟 (　　　)
54. 補 (　　　)
55. 妹 (　　　)
56. 誌 (　　　)
57. 拒 (　　　)
58. 鏡 (　　　)
59. 畢 (　　　)
60. 乳 (　　　)
61. 我 (　　　)
62. 默 (　　　)
63. 飾 (　　　)
64. 蛇 (　　　)
65. 何 (　　　)
66. 謀 (　　　)
67. 槪 (　　　)
68. 綱 (　　　)
69. 禽 (　　　)
70. 削 (　　　)
71. 爐 (　　　)
72. 拓 (　　　)

※다음 밑줄 친 漢字語를 漢字로 쓰시오.

73. 올림픽 성화 <u>제전</u>행사가 열리다. (　　　)
74. 옛날에는 운전 <u>조수</u>가 있었다. (　　　)
75. 우리나라는 <u>종교</u>의 자유가 있다. (　　　)
76. 제사를 모실 때에는 <u>재배</u>를 한다. (　　　)
77. 이순신 장군이 물리친 <u>적군</u>. (　　　)
78. 삼촌은 <u>은행</u>에 근무하신다. (　　　)
79. 부모님의 <u>은혜</u>는 가히 없다. (　　　)
80. 친구의 약속제의에 <u>응답</u>하다. (　　　)
81. 상연이는 <u>의리</u>의 사나이다. (　　　)
82. 충무공은 민족의 <u>영웅</u>이다. (　　　)
83. 인생은 짧고 <u>예술</u>은 길다. (　　　)
84. 과학자들은 <u>심야</u>에도 연구한다. (　　　)

85. 농작물에 해로운 해충을 박멸하다. ( )
86. 시청에서 영업 허가 서류를 받다. ( )
87. 새천년 인구 통계 조사를 실시한다. ( )
88. 무역 통화 기준은 달러이다. ( )
89. 도서관정리는 내 책임이다. ( )
90. 이번 방학은 철도 여행을 해야지. ( )
91. 올림픽을 알리는 성화가 타오르다. ( )
92. 국민이 내는 세금을 잘 써야 한다. ( )
93. 스승과 제자 사이를 사제지간이라 한다. ( )
94. 친구들과 졸업 사진을 찍다. ( )
95. 서론은 생략하고 본론부터 말하다. ( )
96. 우리 누나는 공학 박사이다. ( )
97. 총원가에 따라 물건의 단가를 매긴다. ( )
98. 응시자격을 대졸이상으로 국한한다. ( )
99. 서울과 인천은 근접해 있다. ( )
100. 한자 국가 공인 급수를 따야지. ( )
101. 할머니는 거동이 불편하시다. ( )
102. 광대들의 가면 쓴 모습이 재밌다. ( )

※反對·相對되는 漢字로 單語를 完成하시오.

103. ( )-寡 104. ( )-晩 105. ( )-兵
106. ( )-免 107. ( )-陽

※反對語를 漢字로 적으시오.

108. ( )-物質
109. ( )-散在
110. ( )-紛爭
111. ( )-革新
112. ( )-消費

※다음 故事成語를 完成하시오.

113. ( )母良妻 114. 盡( )報國
115. 七去之( ) 116. 進( )維谷
117. ( )之度外 118. ( )離滅裂
119. 千( )萬象 120. 酒池肉( )
121. ( )山之石 122. 表裏不( )

※같은 뜻의 漢字를 넣어 單語를 完成하시오.

123. ( )-梁 124. ( )-誤 125. 空-( )
126. ( )-尙 127. ( )-慮

※첫소리가 장음인 것을 고르시오.

128. ( ) : ①拾得 ②習得 ③詩想 ④施賞
129. ( ) : ①都市 ②倒置 ③刀劍 ④濫用
130. ( ) : ①拳鬪 ②班長 ③獨特 ④沙漠
131. ( ) : ①坐視 ②格式 ③列擧 ④穀物
132. ( ) : ①指示 ②創建 ③尊敬 ④提起

※音은 같으나 뜻이 다른 漢字語를 쓰시오.

133. 殿試 : ( ) 전쟁을 하고 있는 때
134. 〃 : ( ) 물건을 펼쳐놓아 보임
135. 電源 : ( ) 전체의 인원
136. 〃 : ( ) 한 학원의 전체
137. 〃 : ( ) 논밭과 동산

※다음 漢字語의 뜻을 쓰시오.

138. 蘭香 : ( )
139. 戀慕 : ( )
140. 民俗 : ( )
141. 御命 : ( )
142. 銘心 : ( )

※다음 漢字의 部首를 쓰시오.

143. 般( ) 144. 臣( ) 145. 鳴( )
146. 玄( ) 147. 豫( )

※漢字의 略字를 쓰시오.

148. 觀( ) 權( )
149. 傳( ) 變( )
150. 兩( ) 滿( )

105점 이상 합격!
150

第4回 한자능력검정시험 3급Ⅱ

(시험시간 : 60분)

※밑줄 친 漢字語 또는 제시된 漢字語의 讀音을 쓰시오.

1. <u>北辰</u>은 작은곰자리에서 가장 밝은 별이다. (　　)
2. 옛날 비석을 <u>拓本</u>하다. (　　)
3. 적국의 <u>要塞</u>를 점령하다. (　　)
4. 그리스도인은 하나님의 <u>降臨</u>을 기원했다. (　　)
5. 무역협상에서 <u>強硬</u>한 태도를 보였다. (　　)
6. 독립운동가는 <u>監獄</u>에서 숨을 거두다. (　　)
7. 소작인에게 논밭의 <u>耕作</u>을 맡기다. (　　)
8. 사거리에서 <u>警笛</u>이 요란하다. (　　)
9. 한우물을 파다보니 <u>貫祿</u>이 붙다. (　　)
10. 예의는 사람의 <u>根幹</u>이 된다. (　　)
11. <u>極甚</u>한 어려움에서 성공하다. (　　)
12. 역주변엔 <u>露宿</u>하는 사람이 많다. (　　)
13. <u>奴婢</u>제도는 갑오개혁으로 폐지되었다. (　　)
14. 문장에서 <u>倒置</u>를 쓸 수 있다. (　　)
15. 해군들의 <u>渡河</u>훈련이 있다. (　　)
16. 성 외곽에는 <u>望樓</u>가 세워져있다. (　　)
17. 늙으면 <u>妄靈</u>이 들 수 있다. (　　)
18. 여름엔 숲이 <u>茂盛</u>하다. (　　)
19. 나는 <u>舞臺</u>에 올라서면 떨린다. (　　)
20. 자기관리를 못하면 <u>肥滿</u>이 된다. (　　)
21. 惜別(　　)
22. 修飾(　　)
23. 優雅(　　)
24. 栗谷(　　)
25. 倫理(　　)
26. 潤澤(　　)
27. 炎涼(　　)
28. 審判(　　)
29. 隨時(　　)
30. 碧溪(　　)
31. 桑葉(　　)
32. 連署(　　)
33. 愚直(　　)
34. 誘致(　　)
35. 戀慕(　　)
36. 輸送(　　)
37. 雲泥(　　)
38. 法廷(　　)
39. 伯父(　　)
40. 淫談(　　)
41. 奮發(　　)
42. 尙宮(　　)
43. 相逢(　　)
44. 亦是(　　)
45. 勇猛(　　)

※다음 漢字의 訓과 音을 쓰시오.

46. 營(　　)
47. 窮(　　)
48. 磨(　　)
49. 巡(　　)
50. 穀(　　)
51. 從(　　)
52. 簡(　　)
53. 彈(　　)
54. 附(　　)
55. 宇(　　)
56. 勉(　　)
57. 盡(　　)
58. 越(　　)
59. 胃(　　)
60. 抗(　　)
61. 淺(　　)
62. 幾(　　)
63. 御(　　)
64. 薄(　　)
65. 乾(　　)
66. 墨(　　)
67. 弄(　　)
68. 委(　　)
69. 遷(　　)
70. 雙(　　)
71. 割(　　)
72. 償(　　)

※다음 밑줄 친 漢字語를 漢字로 쓰시오.

73. 대한민국을 길이 <u>보전</u>하세. (　　)
74. 문서에는 참고내용을 적는 <u>비고</u>란이 있다. (　　)
75. 정당하지 못한 <u>밀약</u>은 비겁한 짓이다. (　　)
76. 대기업에 <u>면접</u>시험을 봤다. (　　)
77. 할머니는 우리집에 언제 <u>도착</u>하실까? (　　)
78. 삼촌은 힘이 세서 <u>무적</u>의 장사다. (　　)
79. 우리반은 <u>단결</u>을 잘한다. (　　)
80. 학교에는 <u>규율</u>이 엄격하다. (　　)
81. 버스정류소에서도 <u>금연</u>이다. (　　)
82. 경찰과 민간이 <u>공조</u>하여 범인을 잡다. (　　)
83. 작품 완성하는 <u>과정</u>은 힘들다. (　　)
84. 요즘은 <u>건설</u>이 부진이다. (　　)

※ 다음 밑줄 친 漢字語를 漢字로 적으시오.

85. 예고편이 끝나자마자 본편이다. ( )
86. 아내는 꽃향기를 좋아 하신다. ( )
87. 효율적 생산을 위해서는 기계화하여야 한다. ( )
88. 상자안에 떡시루 한두개가 있다. ( )
89. 배수기능은 광장히 중요하다. ( )
90. 고속도로의 속도 제한은 시속 100km까지. ( )
91. 나의 아버지가 농장을 경영. ( )
92. 사람의 몸 내부는 장기가 있다. ( )
93. 우리나라는 의류등의 경기가 낮아진다. ( )
94. 박정희 공화당은 의지가 확장한다. ( )
95. 성종은 양육의 문제점 원인이 있다. ( )
96. 모든 일들 해야하며 평화가 필요하다. ( )
97. 고등학교 실물 교육 시설등을 말갔한다. ( )
98. 물티슈의 순대결 안기를 낸다. ( )
99. 고객에게 감사의 공덕을 한다. ( )
100. 서대에 공장 대로 새로운 낸다. ( )
101. 학교가시에는 사진 상임이 커진다. ( )
102. 이번 명절에는 태권 시합 등등 활성하고 있다. ( )

※ 다음 漢字語를 漢字로 적으시오.

103. 搜-( ) 104. 擁-( ) 105. 催-( )
106. 排-( ) 107. 輝-( )
108. ( )-鳴 109. ( )-依
110. ( )-寂 111. ( )-隨
112. ( )-誠

※ 다음 漢字語를 漢字로 적으시오.

113. 환경오염에는 廢( )물이 있다.
114. 평화 중에는 ( )亂이 있다.
115. 용맹의 王( ) 될 가치가 있는 지체.
116. 일의 ( )端 등 조정한다.
117. ( )가 되는 ( )程( ) 수사건이 활성한다.

※ 다음 故事成語를 完成하시오.

118. 微( ) 119. ( )偏見 120. ( )念 121. ( )年 ( )衰古
122. 破竹之( ) 123. 頂( ) 一番
124. 轉禍爲( ) 125. ( )臨機應
126. 銀不還( ) 127. ( )露朝( )

※ 밑줄 친 한자어가 같음을 고르시오.

128. ( ) : ①統計 ②信任 ③失手 ④實業
129. ( ) : ①天禍 ②改革 ③墳墓 ④強發
130. ( ) : ①雜夫 ②病魔 ③騷亂 ④重傷
131. ( ) : ①中心 ②晩秋 ③爆擊 ④交通
132. ( ) : ①勻等 ②相晝 ③殘業 ④遠景

※ 다음 漢字語의 뜻을 쓰시오.

133. 印綬 : ( )
134. 比隣 : ( )
135. 經腦 : ( ) 정부측 속에서 상대의 정치적 견해가 영향
136. 電磁 : ( ) 없이 가긴
137. 〃 : ( ) 바이러스 감지를 말한다

※ 다음 漢字語의 讀音을 쓰시오.

138. 商攬 : ( )
139. 帆車 : ( )
140. 敎化 : ( )
141. 眞面 : ( )
142. 神靈 : ( )

※ 다음 漢字의 部首를 쓰시오.

143. 受( ) 144. 氏( ) 145. 淡( )
146. 鬱( ) 147. 敵( )

※ 漢字의 略字를 쓰시오.

148. 廳( ) ( )
149. 穀( ) ( )
150. 櫻( ) ( )

150
105점 이상 합격!

▷ 3급Ⅱ 중간점검용 ◁   성명 [   ]

①	②	③	④	⑤
佳 ( )	較 ( )	浪 ( )	慕 ( )	婢 ( )
架 ( )	巧 ( )	郞 ( )	謀 ( )	卑 ( )
閣 ( )	拘 ( )	涼 ( )	貌 ( )	肥 ( )
脚 ( )	久 ( )	梁 ( )	睦 ( )	妃 ( )
肝 ( )	丘 ( )	勵 ( )	沒 ( )	邪 ( )
懇 ( )	菊 ( )	曆 ( )	夢 ( )	詞 ( )
刊 ( )	弓 ( )	戀 ( )	蒙 ( )	司 ( )
幹 ( )	拳 ( )	鍊 ( )	貿 ( )	沙 ( )
鑑 ( )	鬼 ( )	聯 ( )	茂 ( )	祀 ( )
剛 ( )	菌 ( )	蓮 ( )	默 ( )	蛇 ( )
綱 ( )	克 ( )	裂 ( )	墨 ( )	斜 ( )
鋼 ( )	琴 ( )	嶺 ( )	紋 ( )	削 ( )
介 ( )	錦 ( )	靈 ( )	勿 ( )	森 ( )
槪 ( )	禽 ( )	爐 ( )	微 ( )	像 ( )
蓋 ( )	及 ( )	露 ( )	尾 ( )	詳 ( )
距 ( )	畿 ( )	祿 ( )	薄 ( )	裳 ( )
乾 ( )	企 ( )	弄 ( )	迫 ( )	霜 ( )
劍 ( )	祈 ( )	賴 ( )	般 ( )	尙 ( )
隔 ( )	其 ( )	雷 ( )	盤 ( )	喪 ( )
訣 ( )	騎 ( )	樓 ( )	飯 ( )	桑 ( )
謙 ( )	緊 ( )	累 ( )	拔 ( )	償 ( )
兼 ( )	諾 ( )	漏 ( )	芳 ( )	塞 ( )
頃 ( )	娘 ( )	倫 ( )	輩 ( )	索 ( )
耕 ( )	耐 ( )	栗 ( )	排 ( )	署 ( )
徑 ( )	寧 ( )	率 ( )	培 ( )	緖 ( )
硬 ( )	奴 ( )	隆 ( )	伯 ( )	恕 ( )
械 ( )	腦 ( )	陵 ( )	繁 ( )	徐 ( )
契 ( )	泥 ( )	吏 ( )	凡 ( )	釋 ( )
啓 ( )	茶 ( )	履 ( )	碧 ( )	惜 ( )
溪 ( )	旦 ( )	裏 ( )	丙 ( )	旋 ( )
桂 ( )	但 ( )	臨 ( )	補 ( )	禪 ( )
鼓 ( )	丹 ( )	麻 ( )	譜 ( )	疏 ( )
姑 ( )	淡 ( )	磨 ( )	腹 ( )	蘇 ( )
稿 ( )	踏 ( )	漠 ( )	覆 ( )	訴 ( )
哭 ( )	唐 ( )	幕 ( )	峯 ( )	燒 ( )
谷 ( )	糖 ( )	莫 ( )	封 ( )	訟 ( )
恭 ( )	臺 ( )	晩 ( )	逢 ( )	刷 ( )
恐 ( )	貸 ( )	妄 ( )	鳳 ( )	鎖 ( )
貢 ( )	途 ( )	梅 ( )	簿 ( )	衰 ( )
供 ( )	陶 ( )	媒 ( )	付 ( )	需 ( )
誇 ( )	刀 ( )	麥 ( )	符 ( )	殊 ( )
寡 ( )	倒 ( )	孟 ( )	附 ( )	隨 ( )
冠 ( )	桃 ( )	盟 ( )	扶 ( )	輸 ( )
貫 ( )	渡 ( )	猛 ( )	浮 ( )	帥 ( )
寬 ( )	突 ( )	盲 ( )	腐 ( )	獸 ( )
慣 ( )	凍 ( )	綿 ( )	賦 ( )	愁 ( )
館 ( )	絡 ( )	眠 ( )	奔 ( )	壽 ( )
狂 ( )	欄 ( )	免 ( )	奮 ( )	垂 ( )
怪 ( )	蘭 ( )	滅 ( )	紛 ( )	熟 ( )
壞 ( )	廊 ( )	銘 ( )	拂 ( )	淑 ( )

⑥
瞬（　）
巡（　）
句（　）
述（　）
襲（　）
拾（　）
濕（　）
昇（　）
僧（　）
乘（　）
侍（　）
飾（　）
愼（　）
審（　）
甚（　）
雙（　）
牙（　）
芽（　）
雅（　）
亞（　）
阿（　）
我（　）
岸（　）
顔（　）
巖（　）
央（　）
仰（　）
哀（　）
若（　）
壤（　）
揚（　）
讓（　）
御（　）
抑（　）
憶（　）
譯（　）
役（　）
驛（　）
亦（　）
疫（　）
燕（　）
沿（　）
軟（　）
宴（　）
悅（　）
染（　）
炎（　）
鹽（　）
影（　）
譽（　）

⑦
烏（　）
悟（　）
獄（　）
瓦（　）
緩（　）
辱（　）
慾（　）
欲（　）
愚（　）
偶（　）
憂（　）
宇（　）
羽（　）
韻（　）
越（　）
胃（　）
謂（　）
僞（　）
幽（　）
誘（　）
裕（　）
悠（　）
維（　）
柔（　）
幼（　）
猶（　）
潤（　）
乙（　）
淫（　）
已（　）
翼（　）
忍（　）
逸（　）
壬（　）
賃（　）
慈（　）
刺（　）
紫（　）
潛（　）
暫（　）
藏（　）
粧（　）
掌（　）
莊（　）
丈（　）
臟（　）
葬（　）
載（　）
裁（　）
栽（　）

⑧
抵（　）
著（　）
寂（　）
摘（　）
跡（　）
蹟（　）
笛（　）
殿（　）
漸（　）
亭（　）
廷（　）
征（　）
貞（　）
淨（　）
井（　）
頂（　）
齊（　）
諸（　）
照（　）
兆（　）
租（　）
縱（　）
坐（　）
洲（　）
宙（　）
奏（　）
珠（　）
株（　）
鑄（　）
仲（　）
卽（　）
憎（　）
症（　）
蒸（　）
曾（　）
池（　）
之（　）
枝（　）
振（　）
陳（　）
鎭（　）
辰（　）
震（　）
疾（　）
秩（　）
執（　）
徵（　）
此（　）
借（　）

⑨
錯（　）
贊（　）
倉（　）
昌（　）
蒼（　）
彩（　）
菜（　）
債（　）
策（　）
妻（　）
拓（　）
戚（　）
尺（　）
踐（　）
賤（　）
淺（　）
遷（　）
哲（　）
徹（　）
滯（　）
肖（　）
超（　）
礎（　）
觸（　）
促（　）
催（　）
追（　）
畜（　）
衝（　）
醉（　）
吹（　）
側（　）
値（　）
恥（　）
稚（　）
漆（　）
沈（　）
浸（　）
奪（　）
塔（　）
湯（　）
殆（　）
泰（　）
澤（　）
兔（　）
吐（　）
透（　）
版（　）
片（　）
偏（　）

⑩
編（　）
弊（　）
廢（　）
浦（　）
捕（　）
楓（　）
被（　）
皮（　）
彼（　）
畢（　）
何（　）
賀（　）
荷（　）
鶴（　）
汗（　）
割（　）
含（　）
陷（　）
項（　）
恒（　）
響（　）
獻（　）
玄（　）
懸（　）
穴（　）
脅（　）
衡（　）
慧（　）
浩（　）
胡（　）
豪（　）
虎（　）
惑（　）
魂（　）
忽（　）
洪（　）
禍（　）
還（　）
換（　）
皇（　）
荒（　）
悔（　）
懷（　）
劃（　）
獲（　）
橫（　）
胸（　）
戲（　）
稀（　）

第5回 한자능력검정시험 3급Ⅱ

(시험시간 : 60분)

※밑줄 친 漢字語 또는 제시된 漢字語의 讀音을 쓰시오.

1. 남에게 베푸는 것을 <u>布施</u>라 한다. (　　　)
2. 모든 별자리의 별들을 <u>星宿</u>라 한다. (　　　)
3. <u>便祕</u>가 심하여 고생한다. (　　　)
4. 여행을 못다닌것이 <u>後悔</u>스럽다. (　　　)
5. 삶의 <u>懷疑</u>를 느끼면 절망이 된다. (　　　)
6. <u>皇帝</u>가 죽은 후 몰락의 길이 되었다. (　　　)
7. 원화의 엔화에 대한 <u>換率</u>이 오르다. (　　　)
8. 북쪽 일곱별을 통틀어 <u>玄武</u>라 한다. (　　　)
9. 노사 입장의 차이는 <u>懸隔</u>했다. (　　　)
10. 성업하던 탄광이 <u>廢鑛</u>된 곳이 많다. (　　　)
11. 유조선이 <u>沈沒</u>하여 기름이 유출되다. (　　　)
12. 오폐수로 <u>淸淨</u>바다가 더러워지다. (　　　)
13. 지진으로 <u>震動</u>을 느꼈다. (　　　)
14. 원의 <u>直徑</u>은 지름이다. (　　　)
15. 자연보호를 위해 <u>鳥獸</u> 보호법이 있다. (　　　)
16. 나는 그를 <u>容恕</u>하였다. (　　　)
17. 옷을 만들기 위해 천을 <u>裁斷</u>하다. (　　　)
18. 겉옷 <u>裝飾</u>이 너무 요란하다. (　　　)
19. 다음 일을 도모하기 위해 <u>隱忍</u>하다. (　　　)
20. 자신을 <u>誇示</u>하기 위해 낭비를 하다. (　　　)
21. 早漏(　　　)　　22. 硏磨(　　　)
23. 新版(　　　)　　24. 隨筆(　　　)
25. 變遷(　　　)　　26. 佛像(　　　)
27. 雅淡(　　　)　　28. 相距(　　　)
29. 霜菊(　　　)　　30. 紛亂(　　　)
31. 王妃(　　　)　　32. 誘惑(　　　)
33. 茂林(　　　)　　34. 墨香(　　　)
35. 滿醉(　　　)　　36. 弄談(　　　)
37. 露骨(　　　)　　38. 德澤(　　　)
39. 對坐(　　　)　　40. 勞役(　　　)
41. 途泥(　　　)　　42. 及第(　　　)
43. 機械(　　　)　　44. 紀綱(　　　)
45. 啓導(　　　)

※다음 漢字의 訓과 音을 쓰시오.

46. 干(　　　)　　47. 殿(　　　)
48. 倒(　　　)　　49. 略(　　　)
50. 軟(　　　)　　51. 倫(　　　)
52. 迎(　　　)　　53. 殘(　　　)
54. 貌(　　　)　　55. 座(　　　)
56. 脫(　　　)　　57. 覆(　　　)
58. 華(　　　)　　59. 諸(　　　)
60. 森(　　　)　　61. 哲(　　　)
62. 賊(　　　)　　63. 陷(　　　)
64. 傑(　　　)　　65. 含(　　　)
66. 岸(　　　)　　67. 雷(　　　)
68. 屬(　　　)　　69. 喪(　　　)
70. 祈(　　　)　　71. 幽(　　　)
72. 賴(　　　)

※反對・相對되는 漢字로 單語를 完成하시오.

73. 與-(　　)　　74. (　　)-辱　　75. (　　)-憎
76. 哀-(　　)　　77. (　　)-危　　78. (　　)-淺
79. 是-(　　)　　80. (　　)-負　　81. 乘-(　　)
82. 順-(　　)

※다음 漢字와 같은 뜻을 써 넣어 漢字語를 만드시오.

83. (　　　)偶자와 함께 여행을 온 사람이 많다.
84. 풀이 茂(　　　)한 숲속을 거닐다.
85. 잦은 염색으로 毛(　　　)이 많이 상했다.
86. 직장상사에게 업무 (　　　)告를 하다.
87. 그는 전통을 고수하는 保(　　　)파다.

※다음 故事成語를 完成하시오.

88. 縱橫(　　)盡　　89. 漸入佳(　　)
90. 此日彼(　　)　　91. 隱忍自(　　)
92. 羽化登(　　)　　93. 龍(　　)鳳湯
94. 欲速不(　　)　　95. 烏(　　)之卒
96. 抑强扶(　　)　　97. 魚(　　)肉尾

※다음 글에서 밑줄 친 單語중 한글표기는 漢字로, 漢字표기는 한글로 고쳐 쓰시오.

한자·한문을 배우는 <u>이유(98)</u>는?

한자·한문은 삼국 <u>시대(99)</u> <u>이전(100)</u>에 우리나라에 전파되어 <u>시험(101)</u>을 치르는 제도가 생겨났을 뿐만 아니라 <u>백제(102)</u>가 일본에까지 전파시켰던 것이다.

한자·한문이 백성들에게 문자로서 <u>사용(103)</u>된 <u>원인(104)</u>은 우리의 문자가 없었기 때문이다. 그러나 <u>조선(105)</u>시대에 <u>세종(106)</u>대왕께서 한글을 창제(107)하시어 백성들이 어려운 문자의 고통을 덜게 하시고자 하였으나 문자의 지배 <u>階層(108)</u>과 <u>特殊(109)</u>층들은 한자·한문만을 <u>固執(110)</u>하였으므로 <u>실상(111)</u> 적용되지는 못하였다. 이러한 경위로 인하여 우리 <u>민족(112)</u>의 <u>전통(113)</u> <u>문화(114)</u>, <u>遺産(115)</u>, <u>생활(116)</u>, <u>慣習(117)</u>, <u>학문(118)</u> 등은 <u>대부분(119)</u>한자·한문으로 이루어지게 되었다.

그러므로, 우리 조상들에 대한 <u>정확(120)</u>한 <u>지식(121)</u>을 얻고 훌륭한 점들을 본받으려고 한다면 <u>관심사(122)</u>외로 둘 수는 없을 것이며, 전통문화 유산을 <u>繼承(123)</u> 발전시킨다는 점과 <u>과거(124)</u>의 것을 알아 새로운 것을 받아들인다는 <u>觀點(125)</u> 등으로 미루어 본다면 한자·한문의 <u>교육(126)</u>은 지극히 <u>당연(127)</u>한 것이다.

<신문사설에서>

98. 이유 ( )
99. 시대 ( )
100. 이전 ( )
101. 시험 ( )
102. 백제 ( )
103. 사용 ( )
104. 원인 ( )
105. 조선 ( )
106. 세종 ( )
107. 창제 ( )
108. 階層 ( )
109. 特殊 ( )
110. 固執 ( )
111. 실상 ( )
112. 민족 ( )
113. 전통 ( )
114. 문화 ( )
115. 遺産 ( )
116. 생활 ( )
117. 慣習 ( )
118. 학문 ( )
119. 대부분 ( )
120. 정확 ( )
121. 지식 ( )
122. 관심사 ( )
123. 繼承 ( )
124. 과거 ( )
125. 觀點 ( )
126. 교육 ( )
127. 당연 ( )

※첫소리가 장음인 것을 고르시오.

128. ( ) : ①各道 ②角度 ③間選 ④幹線
129. ( ) : ①單純 ②盜講 ③孟春 ④腹痛
130. ( ) : ①貸出 ②陶器 ③源泉 ④流行
131. ( ) : ①秋夕 ②冬至 ③霜降 ④小寒
132. ( ) : ①空房 ②攻防 ③公法 ④工法

※音은 같으나 뜻이 다른 漢字語를 쓰시오.

133. 印象 : ( ) 물가가 올라감
134. 移葬 : ( ) 마을의 일을 맡아보는 사람
135. 義士 : ( ) 생각이나 마음
136. 流刑 : ( ) 형태가 있음
137. 援助 : ( ) 맨 처음 조상

※다음 漢字語의 뜻을 쓰시오.

138. 勿論 : ( )
139. 恒常 : ( )
140. 宴席 : ( )
141. 租稅 : ( )
142. 惜敗 : ( )

※다음 漢字의 部首를 쓰시오.

143. 皇( ) 144. 音( ) 145. 競( )
146. 片( ) 147. 舊( )

※漢字의 略字를 쓰시오.

148. 來( ) 數( )
149. 爭( ) 發( )
150. 同( ) 惡( )

105점 이상 합격!
150

第6回 한자능력검정시험 3급Ⅱ

(시험시간 : 60분)

※밑줄 친 漢字語 또는 제시된 漢字語의 讀音을 쓰시오.

1. 죄를 회개하고 <u>更生</u>의 길로 가다. (　　)
2. 절에서 <u>般若</u>심경을 읽다. (　　)
3. 적의 <u>降伏</u>으로 싸움이 끝났다. (　　)
4. 어릴 적부터 경제 <u>槪念</u>을 키워야한다. (　　)
5. 여수엑스포의 <u>開幕</u>이 다가왔다. (　　)
6. 학교와 <u>距離</u>가 멀어서 많이 걸었다. (　　)
7. <u>桂樹</u> 아래에서 쉬다. (　　)
8. <u>契約</u> 위반 시는 위약금이 있다. (　　)
9. 열렬한 성원에 <u>鼓舞</u>된 선수들. (　　)
10. 삼바축제는 <u>狂亂</u>의 도가니였다. (　　)
11. 간밤에 <u>怪異</u>한 일이 일어났다. (　　)
12. 졸음운전으로 <u>橋脚</u>을 들이박다. (　　)
13. 장애물을 <u>巧妙</u>히 피해가다. (　　)
14. 노사 화합하여 <u>企業</u>을 살리자. (　　)
15. 쾌차하길 <u>祈願</u> 해야지. (　　)
16. 저 멀리 <u>汽笛</u> 소리가 들린다. (　　)
17. 그 사람이 <u>腦裏</u>에서 잊혀져간다. (　　)
18. 시원한 <u>樓閣</u>에서 한숨 자다. (　　)
19. <u>毒蛇</u>에 물리면 위험하다. (　　)
20. 강에서 <u>魚梁</u>을 설치 해 고기를 잡다. (　　)
21. 麥芽(　　) 22. 孟浪(　　)
23. 盲點(　　) 24. 現夢(　　)
25. 微笑(　　) 26. 封鎖(　　)
27. 浮刻(　　) 28. 祕藏(　　)
29. 沙漠(　　) 30. 宣揚(　　)
31. 雪辱(　　) 32. 巡察(　　)
33. 術策(　　) 34. 安逸(　　)
35. 巖壁(　　) 36. 哀惜(　　)
37. 熱湯(　　) 38. 炎症(　　)
39. 元旦(　　) 40. 越權(　　)
41. 協贊(　　) 42. 惠澤(　　)
43. 豪傑(　　) 44. 風霜(　　)
45. 彼我(　　)

※다음 漢字의 訓과 音을 쓰시오.

46. 環(　　) 47. 探(　　)
48. 睦(　　) 49. 周(　　)
50. 雜(　　) 51. 譜(　　)
52. 看(　　) 53. 攻(　　)
54. 腹(　　) 55. 糧(　　)
56. 私(　　) 57. 像(　　)
58. 樓(　　) 59. 緊(　　)
60. 帥(　　) 61. 恒(　　)
62. 亞(　　) 63. 瓦(　　)
64. 券(　　) 65. 悠(　　)
66. 隱(　　) 67. 頃(　　)
68. 誘(　　) 69. 輩(　　)
70. 兆(　　) 71. 維(　　)
72. 謙(　　)

※다음 밑줄 친 漢字語를 漢字로 쓰시오.

73. 볼 수 있는 수평거리는 <u>가시</u> 거리.
　　　　　　　　　　　　　(　　)
74. 국제회의에 대통령이 <u>참석</u>하셨다.
　　　　　　　　　　　　　(　　)
75. 시험 칠 때 <u>감독</u>은 엄격하게 한다.
　　　　　　　　　　　　　(　　)
76. 스승님의 은혜에 <u>감사</u> 드립니다.
　　　　　　　　　　　　　(　　)
77. 숙제 <u>검사</u>는 필수이지!
　　　　　　　　　　　　　(　　)
78. 월드컵 <u>경기</u>에서 결승에 오른 한국.
　　　　　　　　　　　　　(　　)
79. 중고차를 <u>개조</u>하여 다시 타다.
　　　　　　　　　　　　　(　　)
80. 하늘을 지키는 <u>공군</u>.
　　　　　　　　　　　　　(　　)
81. 새로운 법률이 <u>공포</u>되었다.
　　　　　　　　　　　　　(　　)
82. 계곡에서는 <u>급류</u>를 조심 해야죠.
　　　　　　　　　　　　　(　　)
83. 남해안은 <u>근처</u>에 섬들이 많다.
　　　　　　　　　　　　　(　　)
84. 여름에는 <u>녹음</u>이 우거지다.
　　　　　　　　　　　　　(　　)

85. 박지성 선수 <u>단독</u> 플레이 슛~골인! ············ ( )
86. 조선은 한양을 <u>도읍</u>지로 정했죠. ············ ( )
87. 근호와 도훈이는 <u>동창</u>생이다. ············ ( )
88. 뭇 사람을 널리 사랑하는 <u>박애</u>정신. ············ ( )
89. 주말에 할머니 댁을 <u>방문</u>해야지. ············ ( )
90. 좋은 <u>방법</u>을 연구합시다. ············ ( )
91. 예수님의 <u>부활</u>. ············ ( )
92. 절에서는 <u>불경</u>소리가 들리죠. ············ ( )
93. 러시아 <u>상선</u>이 부산항에 정박하다. ············ ( )
94. 한자경시대회에서 <u>상장</u>을 받다. ············ ( )
95. 검소하고 <u>소박</u>한 생활습관. ············ ( )
96. 즉석구매로 인한 <u>소비</u>를 자제 하자. ············ ( )
97. 경주는 옛 <u>신라</u>의 수도. ············ ( )
98. 아버지는 <u>안과</u>의사. ············ ( )
99. 양궁 종목에서 <u>연속</u> 우승을 차지했다. ············ ( )
100. 그는 모든 면에서 <u>유능</u>한 사람이다. ············ ( )
101. 건강이 가장 큰 <u>재산</u>이다. ············ ( )
102. 세뱃돈을 <u>저축</u>하였다. ············ ( )

※反對·相對되는 漢字로 單語를 完成하시오.

103. ( )-支 104. ( )-受 105. 需-( )
106. ( )-尾 107. ( )-迎

※反對語를 漢字로 적으시오.

108. ( )-好材
109. ( )-未來 110. ( )-破壞
111. ( )-巨富 112. ( )-前進

※다음 故事成語를 完成하시오.

113. 梁( )君( ) 114. ( )禽擇木
115. 愼( )如( ) 116. ( )株待兔
117. 束( )無策 118. ( )實相符
119. 桑( )碧( ) 120. ( )必歸正
121. 拔( )塞源 122. 非( )勿聽

※같은 뜻의 漢字를 넣어 單語를 完成하시오.

123. 辭-( ) 124. 奔-( ) 125. ( )-哀
126. 副-( ) 127. 扶-( )

※첫소리가 장음인 것을 고르시오.

①佳句 ②家具 ③家口 ④加算 ⑤假定
⑥巧妙 ⑦教訓 ⑧弄談 ⑨獲得 ⑩寶物

128. ( ) 129. ( ) 130. ( )
131. ( ) 132. ( )

※音은 같으나 뜻이 다른 漢字語를 쓰시오.

133. 延長:( ) 나이가 많음
134. 要理:( ) 음식을 만드는 일
135. 勇氣:( ) 일을 하는데 쓰는 기구
136. 優定:( ) 친구 사이의 정
137. 遠人:( ) 사물의 말미암은 까닭

※다음 漢字語의 뜻을 쓰시오.

138. 萬若:( )
139. 顔色:( )
140. 修飾:( )
141. 凍結:( )
142. 滿發:( )

※다음 漢字의 部首를 쓰시오.

143. 夢( ) 144. 變( ) 145. 龍( )
146. 酒( ) 147. 肅( )

※漢字의 略字를 쓰시오.

148. 勞( ) 榮( )
149. 對( ) 世( )
150. 師( ) 賢( )

105점 이상 합격!
150

第7回 한자능력검정시험 3급 II

(시험시간 : 60분)

※밑줄 친 漢字語 또는 제시된 漢字語의 讀音을 쓰시오.

1. 편안하면 <u>樂土</u>라 할 수 있다. (　　)
2. <u>雪糖</u>은 가급적 적게 먹는 것이 좋다. (　　)
3. 굵은 <u>鐵索</u>으로 배를 정박시켰다. (　　)
4. <u>胡桃</u>는 고소하고 맛있다. (　　)
5. 시민들의 <u>呼訴</u>가 잇따르고 있다. (　　)
6. 늦가을이 되면 <u>楓葉</u>이 생긴다. (　　)
7. 문법상으로 <u>品詞</u>를 분류하다. (　　)
8. 날이 갈수록 <u>被害</u>가 늘고 있다. (　　)
9. 원고를 <u>脫稿</u>하고 한숨 돌리다. (　　)
10. 이번엔 금메달을 <u>奪還</u>해 오리라. (　　)
11. 옆집 <u>痛哭</u>의 소리가 들리다. (　　)
12. 상상 <u>超越</u>의 일들이 벌어지다. (　　)
13. 접수마감시간이 <u>促迫</u>해 오다. (　　)
14. <u>追慕</u> 행렬로 도로가 가득차다. (　　)
15. <u>執權</u>하는 동안은 청렴하게. (　　)
16. 기침으로 감기의 <u>徵候</u>가 보인다. (　　)
17. <u>借邊</u>은 자산의 증가를 나타낸다. (　　)
18. <u>株券</u>을 사는 것은 투자의 행위다. (　　)
19. 소집된 <u>此際</u>에 의견을 제시하다. (　　)
20. <u>鑄造</u>하여 가마솥을 만들다. (　　)

21. 竹鹽(　　)
22. 傳染(　　)
23. 漸增(　　)
24. 接觸(　　)
25. 已往(　　)
26. 印刷(　　)
27. 臨時(　　)
28. 興奮(　　)
29. 胃腸(　　)
30. 危殆(　　)
31. 嶺南(　　)
32. 哀調(　　)
33. 惡疾(　　)
34. 巡航(　　)
35. 襲擊(　　)
36. 沙果(　　)
37. 斜視(　　)
38. 細菌(　　)
39. 禪師(　　)
40. 逢變(　　)
41. 崇尙(　　)
42. 微賤(　　)
43. 麥酒(　　)
44. 猛禽(　　)
45. 累差(　　)

※다음 漢字의 訓과 音을 쓰시오.

46. 敢(　　)
47. 孔(　　)
48. 渡(　　)
49. 慮(　　)
50. 豫(　　)
51. 栗(　　)
52. 卷(　　)
53. 沒(　　)
54. 妙(　　)
55. 松(　　)
56. 峯(　　)
57. 威(　　)
58. 耕(　　)
59. 詳(　　)
60. 奇(　　)
61. 恕(　　)
62. 獸(　　)
63. 額(　　)
64. 署(　　)
65. 巖(　　)
66. 寧(　　)
67. 猶(　　)
68. 緩(　　)
69. 腦(　　)
70. 培(　　)
71. 繁(　　)
72. 懸(　　)

※다음 밑줄 친 漢字語를 漢字로 쓰시오.

73. 공장에서 <u>조업</u>을 재개하다. (　　)
74. 400m 릴레이의 마지막 <u>주자</u>. (　　)
75. 융자를 받아 <u>주택</u>을 구입하였다. (　　)
76. 축구시합 전에는 가벼운 <u>준비</u>운동. (　　)
77. TV에서 보여주는 <u>전설</u>의 고향. (　　)
78. 중소기업 상품들이 <u>전시</u>되었다. (　　)
79. 결혼을 <u>전제</u>로 교제하기 시작했다. (　　)
80. 배운 것을 <u>응용</u>할 줄 알아야 한다. (　　)
81. 한문선생님은 나의 <u>은사</u>님. (　　)
82. 내일 회의 <u>의제</u>는 무엇이죠? (　　)
83. 이승엽 선수의 <u>연타석</u> 홈런. (　　)
84. 장부에서 <u>오기</u>로 착오가 생겼다. (　　)

85. 친구들의 외압을 물리치고 공부하다 ....( )
86. 긴급지원을 요청하다. ....( )
87. 적당한 운동이 보약이다. ....( )
88. 삼촌은 봄에 신방을 차린다. ....( )
89. 빗길에서는 더욱 안전운전을 합시다. ....( )
90. 기체가 액체로 변하다. ....( )
91. 약은 약국에서 취급을 해야 한다. ....( )
92. 예식장에 양복을 입고 가야지. ....( )
93. 순국선열 및 호국영령에 대한 묵념. ....( )
94. 정훈이는 훌륭한 인물이 될 걸 확신한다. ....( )
95. 피곤할때는 휴식을 취해야 한다. ....( )
96. 나는 언제쯤 한자공부를 통달할까? ....( )
97. 자꾸 공부 하고픈 책은 구성이 특별하다. ....( )
98. 월드컵에서 한국에 패배한 브라질. ....( )
99. 어머니는 나의 잘못을 포용해 주셨다. ....( )
100. 음력 8월 15일은 추석이다. ....( )
101. 조광조는 조선의 충신이었다. ....( )
102. 치과에서 충치 치료를 받다. ....( )

※反對·相對되는 漢字로 單語를 完成하시오.

103. ( )-衰 104. 疏-( ) 105. 損-( )
106. ( )-熟 107. 賞-( )

※反對語를 漢字로 적으시오.

108. ( )-相對
109. ( )-缺席 110. ( )-退步
111. ( )-偶然 112. ( )-最終

※다음 故事成語를 完成하시오.

113. 鳥( )之血 114. 自激之( )
115. 一( )貫之 116. 一刀兩( )
117. 薄( )多賣 118. 美辭( )句
119. 目不忍( ) 120. 明若( )火
121. 面從腹( ) 122. 拍掌大( )

※같은 뜻의 漢字를 넣어 單語를 完成하시오.

123. 純-( ) 124. ( )-念 125. ( )-拔
126. 旋-( ) 127. ( )-役

※첫소리가 장음인 것을 고르시오.

①負擔 ②慶州 ③鑑定 ④戀慕 ⑤途中
⑥苦待 ⑦運輸 ⑧古代 ⑨産室 ⑩優秀

128. ( ) 129. ( ) 130. ( )
131. ( ) 132. ( )

※音은 같으나 뜻이 다른 漢字語를 쓰시오.

133. 水道:( ) 한 나라의 중앙 정부가 있는 도시
134. 詩碑:( ) 옳고 그름
135. 實例:( ) 언행이 예의에 벗어남
136. 延期:( ) 노래 춤 등 재주를 나타내 보임
137. 〃 :( ) 물건이 탈 때 생기는 빛깔이 있는 기체

※다음 漢字語의 뜻을 쓰시오.

138. 忽然:( )
139. 荒野:( )
140. 殘金:( )
141. 債務:( )
142. 龍顔:( )

※다음 漢字의 部首를 쓰시오.

143. 畿( ) 144. 谷( ) 145. 年( )
146. 曲( ) 147. 飛( )

※漢字의 略字를 쓰시오.

148. 經( ) 輕( )
149. 兒( ) 關( )
150. 卒( ) 寫( )

105점 이상 합격!
／150

第8回 한자능력검정시험 3급Ⅱ

(시험시간 : 60분)

※밑줄 친 漢字語 또는 제시된 漢字語의 讀音을 쓰시오.

1. 그는 예리한 洞察력을 가졌다. ( )
2. 측량과 度地는 같은 뜻이다. ( )
3. 우리는 밤새 眞率한 대화를 했다. ( )
4. 서로 참견 않는 것은 우리의 默契다. ( )
5. 오늘 可恐 할 만한 일이 벌어졌다. ( )
6. 담배는 흡연자의 건강을 威脅한다. ( )
7. 사람들이 떠난 마을은 荒凉하다. ( )
8. 마을에 猛虎가 내려왔다. ( )
9. 어떤 대학교에는 附屬유치원이 있다. ( )
10. 올 여름에는 獨逸로 여행하고 싶다. ( )
11. 督促 받기 전에 일을 마치자. ( )
12. 성격이 突變하는 바람에 놀랐다. ( )
13. 오래된 전선으로 漏電이 되다. ( )
14. 그 고장은 陵谷이 아주 아름답다. ( )
15. 집은 基礎가 탄탄해야 한다. ( )
16. 그 사람과는 이상하게 妙訣이 되었다. ( )
17. 경범죄로 拘留를 살았다. ( )
18. 민족의식 鼓吹에 온 힘을 기울이다. ( )
19. 姑從사촌과 계곡으로 놀러갔다. ( )
20. 오늘부터 새 영화가 開封된다. ( )
21. 殊異 ( )
22. 檢索 ( )
23. 假拂 ( )
24. 婚需 ( )
25. 情緒 ( )
26. 安寧 ( )
27. 哀愁 ( )
28. 濕度 ( )
29. 稅吏 ( )
30. 邪惡 ( )
31. 薄待 ( )
32. 移越 ( )
33. 忍耐 ( )
34. 絶頂 ( )
35. 漸次 ( )
36. 珠算 ( )
37. 奏請 ( )
38. 執着 ( )
39. 徵兆 ( )
40. 錯視 ( )
41. 初旬 ( )
42. 超然 ( )
43. 株式 ( )
44. 皮革 ( )
45. 慧眼 ( )

※다음 漢字의 訓과 音을 쓰시오.

46. 激 ( )
47. 歸 ( )
48. 凍 ( )
49. 墓 ( )
50. 頌 ( )
51. 隆 ( )
52. 危 ( )
53. 優 ( )
54. 夢 ( )
55. 烈 ( )
56. 管 ( )
57. 逢 ( )
58. 靜 ( )
59. 啓 ( )
60. 霜 ( )
61. 履 ( )
62. 泥 ( )
63. 壽 ( )
64. 凡 ( )
65. 碧 ( )
66. 央 ( )
67. 惜 ( )
68. 釋 ( )
69. 淫 ( )
70. 憲 ( )
71. 衝 ( )
72. 衡 ( )

※다음 밑줄 친 漢字語를 漢字로 쓰시오.

73. 경기 실황을 중계로 방송하다. ( )
74. 전해 내려온 민요는 무엇이 있지? ( )
75. 국토 방위에 힘쓰는 국군아저씨. ( )
76. 미국대통령이 방한 했다. ( )
77. 식량을 배급해 주고 있는 북한. ( )
78. 고깃배가 만선으로 돌아왔다. ( )
79. 우리 집은 명당자리이다. ( )
80. 시골에서는 소를 치는 목동이 있었지. ( )
81. 가장 좋은 물건은 어느 것이죠? ( )
82. 이모가 득남을 하셨다. ( )
83. 옛 궁궐에는 금은 보화가 그득했다. ( )
84. 청탁을 받은 일은 부당한 일이야. ( )

제8회

85. 사회의 <u>비리</u>를 파헤치다. ( )
86. 할머니 산소에 <u>벌초</u>를 하다. ( )
87. 새 집에 예쁜 <u>벽지</u>를 발랐다. ( )
88. 집에서는 <u>사무</u>를 보지 말자. ( )
89. 불우이웃 돕기 <u>성금</u>을 내자. ( )
90. 종교의 지도자는 <u>신성</u>한 존재다. ( )
91. 우리의 <u>속담</u>을 몇 개나 알고 있을까? ( )
92. 나라를 다스리기 전에 자신을 <u>수신</u>. ( )
93. 음력 5월 5일은 <u>단오</u>절. ( )
94. 우리 <u>담임</u>선생님은 호랑이 선생님. ( )
95. 월드컵에서 한국과 독일의 숙명적인 <u>대결</u>. ( )
96. 누나는 신문 <u>기자</u>이다. ( )
97. 원서접수 <u>기한</u>은 언제까지야? ( )
98. 방학동안에 제주도 <u>관광</u>을 해야지. ( )
99. 학교에서 <u>교양</u>을 먼저 가르치면 좋다. ( )
100. 국민이 잘사는 것은 <u>경제</u>발전. ( )
101. 종혁이는 <u>개성</u>이 뚜렷하다. ( )
102. 우리나라는 <u>온대</u> 기후이다. ( )

※反對·相對되는 漢字로 單語를 完成하시오.

103. 師-( ) 104. 貧-( ) 105. 夫-( )
106. 腹-( ) 107. 方-( )

※反對語를 漢字로 적으시오.

108. ( )-勝因
109. ( )-被告 110. ( )-他律
111. ( )-與黨 112. ( )-緩行

※다음 故事成語를 完成하시오.

113. 孟母( )機   114. 權謀術( )
115. 同族( )殘   116. 東奔西( )
117. 同( )紅裳   118. 大( )晚成
119. 吉凶禍( )   120. 內憂外( )
121. 人( )獸心   122. 日久月( )

※같은 뜻의 漢字를 넣어 單語를 完成하시오.

123. 崇-( ) 124. ( )-繼 125. ( )-設
126. 試-( ) 127. ( )-賴

※첫소리가 장음인 것을 고르시오.

①共用 ②公用 ③公害 ④公海 ⑤過去 ⑥科學
⑦果實 ⑧課長 ⑨課程 ⑩過程 ⑪交感 ⑫校監

128. ( ) 129. ( ) 130. ( )
131. ( ) 132. ( )

※音은 같으나 뜻이 다른 漢字語를 쓰시오.

133. 射手:( ) 목숨을 걸고 지킴
134. 喪家:( ) 상점이 많이 늘어서 있는 거리
135. 賞狀:( ) 주식을 거래소에 등록하는 일
136. 小才:( ) 만드는데 바탕이 되는 재료
137. 所載:( ) 있는 바(있는 곳)

※다음 漢字語의 뜻을 쓰시오.

138. 生栗:( )
139. 浮力:( )
140. 臨戰:( )
141. 亦是:( )
142. 雲集:( )

※다음 漢字의 部首를 쓰시오.

143. 憂( ) 144. 武( ) 145. 求( )
146. 甘( ) 147. 卑( )

※漢字의 略字를 쓰시오.

148. 樂( ) 藥( )
149. 無( ) 定( )
150. 禮( ) 舊( )

105점 이상 합격!
150

4級 ▷중간점검용◁

①	②	③	④	⑤
暇( )	戒( )	均( )	妹( )	私( )
覺( )	季( )	劇( )	勉( )	絲( )
刻( )	鷄( )	勤( )	鳴( )	射( )
簡( )	階( )	筋( )	模( )	散( )
干( )	系( )	奇( )	妙( )	傷( )
看( )	繼( )	紀( )	墓( )	象( )
敢( )	庫( )	寄( )	舞( )	宣( )
甘( )	孤( )	機( )	拍( )	舌( )
甲( )	穀( )	納( )	髮( )	屬( )
降( )	困( )	段( )	妨( )	損( )
更( )	骨( )	盜( )	犯( )	松( )
據( )	攻( )	逃( )	範( )	頌( )
拒( )	孔( )	徒( )	辯( )	秀( )
居( )	管( )	卵( )	普( )	叔( )
巨( )	鑛( )	亂( )	複( )	肅( )
傑( )	構( )	覽( )	伏( )	崇( )
儉( )	群( )	略( )	否( )	氏( )
激( )	君( )	糧( )	負( )	額( )
擊( )	屈( )	慮( )	粉( )	樣( )
犬( )	窮( )	烈( )	憤( )	嚴( )
堅( )	勸( )	龍( )	碑( )	與( )
鏡( )	券( )	柳( )	批( )	易( )
傾( )	卷( )	輪( )	祕( )	域( )
驚( )	歸( )	離( )	辭( )	鉛( )

4급 중간점검용

⑥	⑦	⑧	⑨	⑩
延( )	異( )	靜( )	廳( )	爆( )
緣( )	仁( )	丁( )	聽( )	標( )
燃( )	姿( )	帝( )	招( )	疲( )
營( )	姉( )	條( )	推( )	避( )
迎( )	資( )	潮( )	縮( )	恨( )
映( )	殘( )	組( )	就( )	閑( )
豫( )	雜( )	存( )	趣( )	抗( )
優( )	裝( )	鍾( )	層( )	核( )
遇( )	張( )	從( )	針( )	憲( )
郵( )	獎( )	座( )	寢( )	險( )
源( )	帳( )	周( )	稱( )	革( )
援( )	壯( )	朱( )	歎( )	顯( )
怨( )	腸( )	酒( )	彈( )	刑( )
委( )	底( )	證( )	脫( )	或( )
圍( )	績( )	持( )	探( )	混( )
慰( )	賊( )	誌( )	擇( )	婚( )
威( )	適( )	智( )	討( )	紅( )
危( )	籍( )	織( )	痛( )	華( )
遺( )	積( )	盡( )	投( )	環( )
遊( )	轉( )	珍( )	鬪( )	歡( )
儒( )	錢( )	陣( )	派( )	況( )
乳( )	專( )	差( )	判( )	灰( )
隱( )	折( )	讚( )	篇( )	候( )
儀( )	點( )	採( )	評( )	厚( )
疑( )	占( )	冊( )	閉( )	揮( )
依( )	整( )	泉( )	胞( )	喜( )

第9回 한자능력검정시험 3급Ⅱ

(시험시간 : 60분)

※밑줄 친 漢字語 또는 제시된 漢字語의 讀音을 쓰시오.

1. 흥분된 학생들을 <u>統率</u>하기 어렵다. (　　)
2. <u>敗北</u>도 인정해야 한다. (　　)
3. <u>句讀</u>법은 문장 부호를 쓰는 것이다. (　　)
4. 1636년 청나라가 <u>胡亂</u>을 일으켰다. (　　)
5. <u>虎穴</u>은 묏자리로 좋지 않다. (　　)
6. 조부모님께 신년 <u>賀禮</u>를 드렸다. (　　)
7. 입장 곤란하기는 <u>彼此</u> 마찬가지다. (　　)
8. 자기자신부터 <u>探索</u>을 해야 한다. (　　)
9. <u>銃劍</u>으로 무장한 적군. (　　)
10. <u>徵集</u>을 통해 군인을 모집하다. (　　)
11. 일에 있어 <u>錯誤</u>가 생겼다. (　　)
12. 부동산매매는 <u>仲介</u>를 통해서 한다. (　　)
13. 수학을 <u>征服</u>해서 성적을 올리자. (　　)
14. 연일 <u>猛打</u>를 휘둘러 홈런을 치자. (　　)
15. 곰은 <u>冬眠</u>에 들어간다. (　　)
16. 이번 공연 <u>企劃</u>은 누가 하지? (　　)
17. 시골학교에 <u>怪談</u>이 돌고 있다. (　　)
18. 여행경비 지출의 <u>累計</u>를 내다. (　　)
19. 이 곡은 멜로디보다 <u>歌詞</u>가 좋다. (　　)
20. 두 사람의 감정이 <u>微妙</u>하다. (　　)

21. 封印(　　)　22. 燒酒(　　)
23. 鹽素(　　)　24. 念珠(　　)
25. 永訣(　　)　26. 辭讓(　　)
27. 履修(　　)　28. 竹刀(　　)
29. 利潤(　　)　30. 稀貴(　　)
31. 喜壽(　　)　32. 賦課(　　)
33. 乘客(　　)　34. 野菜(　　)
35. 弱冠(　　)　36. 簿記(　　)
37. 旋回(　　)　38. 哭聲(　　)
39. 架設(　　)　40. 激勵(　　)
41. 槪略(　　)　42. 影像(　　)
43. 湯藥(　　)　44. 荷役(　　)
45. 臨迫(　　)

※다음 漢字의 訓과 音을 쓰시오.

46. 奬(　　)　47. 證(　　)
48. 陵(　　)　49. 痛(　　)
50. 灰(　　)　51. 蒙(　　)
52. 標(　　)　53. 冊(　　)
54. 鳳(　　)　55. 積(　　)
56. 險(　　)　57. 裳(　　)
58. 就(　　)　59. 桂(　　)
60. 愁(　　)　61. 禪(　　)
62. 秀(　　)　63. 仰(　　)
64. 溪(　　)　65. 翼(　　)
66. 慾(　　)　67. 吹(　　)
68. 壤(　　)　69. 丹(　　)
70. 鑄(　　)　71. 疏(　　)
72. 醉(　　)

※다음 밑줄 친 漢字語를 漢字로 쓰시오.

73. <u>가격</u>이 비싸다고 좋은 물건은 아니다. (　　)
74. 평소 느낀 <u>감상</u>을 이야기하다. (　　)
75. 회사 어려움으로 <u>감원</u>이 있다. (　　)
76. 열대야로 밤이면 <u>강변</u>에 나오는 사람이 많다. (　　)
77. <u>개방</u>의 물결로 발전해 나가다. (　　)
78. 아름다운 <u>고궁</u>을 산책하다. (　　)
79. 10월 1일은 한글날을 <u>경축</u>하는 날이다. (　　)
80. 지금은 전 세계 모두 <u>경기</u>가 좋지 않다. (　　)
81. <u>교감</u>선생님께서는 자상하시다. (　　)
82. <u>광장</u>의 분수가 시원스럽게 느껴진다. (　　)
83. 방학이면 산이나 들로 가서 <u>관찰</u>을 한다. (　　)
84. <u>교류</u>를 통하여 마음을 알 수 있다. (　　)

85. 군의 행정관리를 맡아보는 군수. ·········· (　　)
86. 기차를 타고 여행을 떠나고 싶다. ·········· (　　)
87. 교육기간동안 연수생 대표를 맡았다. ·········· (　　)
88. 항상 단정한 옷차림으로 모범을 보이다. ·········· (　　)
89. 얼마 안 있으면 내 차례이다. ·········· (　　)
90. 배우는 것보다 지도하는 것은 더 어려운 일이다. ·········· (　　)
91. 중부지방에 폭염이 연일 계속되다. ·········· (　　)
92. 원시 밀림에는 동물들이 많다. ·········· (　　)
93. 호랑이에 물려가도 정신만 차리면 된다. ·········· (　　)
94. 한국에는 조기교육을 서둘러는 경향이 많다. ·········· (　　)
95. 제도권의 공부는 입시위주다. ·········· (　　)
96. 권리를 주장하자면 임무도 충실해야 한다. ·········· (　　)
97. 온실속의 화초보다 강인한 잡초처럼. ·········· (　　)
98. 원탁에 둘러앉아 먹는 점심은 맛있다. ·········· (　　)
99. 양친 살아 계신 것이 행복이다. ·········· (　　)
100. 현대는 정보의 시대. ·········· (　　)
101. 호명 할 때마다 대답을 하다. ·········· (　　)

※같은 뜻의 漢字를 넣어 單語를 完成하시오.
102. (　　)-絡　103. 抑-(　　)　104. (　　)-寧
105. (　　)-目　106. 約-(　　)

※反對語를 漢字로 적으시오.
107. (　　)-本業
108. (　　)-否認　109. (　　)-先天
110. (　　)-歲出　111. (　　)-順行

※反對·相對되는 漢字로 單語를 完成하시오.
112. (　　)-靜　113. 文-(　　)　114. 明-(　　)
115. (　　)-失　116. 班-(　　)

※다음 故事成語를 完成하시오.
117. 流芳百(　　)　118. 優柔不(　　)
119. 五車之(　　)　120. 金蘭之(　　)
121. 克己復(　　)　122. (　　)高自卑
123. 君子三(　　)　124. (　　)鷄一鶴
125. 冠婚喪(　　)　126. (　　)猶不及

※다음 一字多音字의 用例가 되는 單語를 하나씩만 漢字로 쓰시오.
127. 復 : 다시　부 (　　)
128. 　　　회복　복 (　　)
129. 殺 : 죽일　살 (　　)
130. 　　　감할　쇄 (　　)
131. 狀 : 형상　상 (　　)
132. 　　　문서　장 (　　)

※音은 같으나 뜻이 다른 漢字語를 쓰시오.
133. 附圖 : (　　) 이르지 못함
134. 〃 : (　　) 아녀자의 도리
135. 社告 : (　　) 생각
136. 〃 : (　　) 네가지 고통
137. 〃 : (　　) 뜻밖에 일어난 사건이나 탈

※다음 漢字語의 뜻을 쓰시오.
138. 裏面 : (　　)
139. 孟春 : (　　)
140. 元旦 : (　　)
141. 卽時 : (　　)
142. 執筆 : (　　)

※다음 漢字의 部首를 쓰시오.
143. 乾(　　)　144. 用(　　)　145. 兆(　　)
146. 至(　　)　147. 穀(　　)

※漢字의 略字를 쓰시오.
148. 聲(　　) 處(　　)
149. 黨(　　) 參(　　)
150. 假(　　) 擔(　　)

105점 이상 합격!
/150

第10回 한자능력검정시험 3급 II

(시험시간 : 60분)

※밑줄 친 漢字語 또는 제시된 漢字語의 讀音을 쓰시오.

1. 선거철 후보들은 <u>遊說</u>로 바쁘다. ( )
2. 물려줄 자연 <u>然則</u> 환경보전에 힘쓰자. ( )
3. 가문의 <u>復興</u>을 위하여 노력하자. ( )
4. 걱정된 어머니께서 <u>肝腸</u>을 조였다. ( )
5. 수해 입은 업체에 세금 <u>減免</u>을 주다. ( )
6. 골동품 <u>鑑別</u>에 남다른 재주가 있다. ( )
7. <u>兼職</u>이 가능치 않는 경우도 있다. ( )
8. 항상 <u>謙虛</u>한 자세로 임한다. ( )
9. 여자아이들은 <u>鏡臺</u> 앞에서 논다. ( )
10. 전원주택 <u>模樣</u>이 참 예쁘다. ( )
11. 억울하게도 <u>謀陷</u>을 받았다. ( )
12. <u>牧丹</u>은 부귀를 상징한다. ( )
13. 태풍으로 손해가 <u>莫甚</u>하다. ( )
14. 일을 할때는 <u>沒頭</u>도 필요하다. ( )
15. 교회에서 <u>晩鍾</u>소리가 들려온다. ( )
16. 적진을 향해 <u>突擊</u>하다. ( )
17. 어려운 시기일수록 <u>浪費</u>를 줄이자. ( )
18. <u>鬼神</u>이 나타나는 줄 알고 놀랐다. ( )
19. 내가 맡은 <u>配役</u>은 경찰관이다. ( )
20. <u>富裕</u>한 집안의 출신. ( )
21. 佛供( ) 22. 象牙( )
23. 略述( ) 24. 戀歌( )
25. 瓦解( ) 26. 王陵( )
27. 容貌( ) 28. 潛跡( )
29. 除幕( ) 30. 祭需( )
31. 齊唱( ) 32. 症勢( )
33. 指紋( ) 34. 彩色( )
35. 創刊( ) 36. 徹夜( )
37. 遷都( ) 38. 恥辱( )
39. 平衡( ) 40. 編織( )
41. 親戚( ) 42. 板權( )
43. 祝賀( ) 44. 冊曆( )
45. 恒常( )

※다음 漢字의 訓과 音을 쓰시오.

46. 依( ) 47. 與( )
48. 漠( ) 49. 範( )
50. 普( ) 51. 微( )
52. 紀( ) 53. 驚( )
54. 浮( ) 55. 叔( )
56. 拍( ) 57. 緖( )
58. 劇( ) 59. 訴( )
60. 襲( ) 61. 哭( )
62. 淡( ) 63. 唐( )
64. 構( ) 65. 燒( )
66. 韻( ) 67. 蒸( )
68. 蘇( ) 69. 稚( )
70. 値( ) 71. 魂( )
72. 踏( )

※反對・相對되는 漢字로 單語를 完成하시오.

73. 京-( ) 74. ( )-賤 75. 高-( )
76. 攻-( ) 77. ( )-往 78. 君-( )
79. 姑-( ) 80. ( )-伏 81. 官-( )
82. ( )-複

※같은 뜻의 漢字를 써 單語를 完成하시오.

83. 溫-( ) 84. ( )-久 85. ( )-慮
86. 連-( ) 87. ( )-磨

※다음 故事成語를 完成하시오.

88. 鷄口牛( ) 89. ( )舊迎新
90. 嚴妻侍( ) 91. ( )兆蒼生
92. 蓋世之( ) 93. ( )中樓閣
94. 犬免之( ) 95. 易( )思之
96. 佳人薄( ) 97. 九( )肝腸

※다음 글에서 밑줄 친 單語중 한글표기는
漢字로, 漢字표기는 한글로 고쳐 쓰시오.

공자는 학문을 닦는 참된 길을 제시(98)했다. 학문이란 배우고 또 배운 것을 수시로 복습(99)해야 진정(100)한 이해(101)의 경지에 다다를 수 있는 것이다. 옛 성현(102)의 도를 배우고 그것을 터득하여 실제(103) 생활에 적용할 수 있을 때 비로소 현자의 도에 가까워진다.

옛 성현의 도를 깨닫게되면 벗들을 찾아 행복(104)을 전하게 되고, 이렇게 시작(105)한 학문의 기운(106)이 널리 퍼지면 가까운 이웃은 勿論(107)이거니와 먼 곳에서 진리를 찾으려는 동지들이 모여들어 학문을 서로 즐기고 토론함으로써 모두의 마음이 행복으로 충만(108)하여 한량(109)없는 즐거움이 아니겠는가. 그러나 매명(110)이나 이익을 노리고 하는 것은 진정한 학문이 아니다. 학문의 목적(111)은 오로지 지식(112)과 덕을 닦는 것이다. 인격자가 되어 사회(113)를 위하여 貢獻(114)함에 있다. 또한 뭇 사람이 자기의 인품과 실력을 알아주지 않는다든지 고의로 낮게 평가한다해도 불만스럽게 여기거나 세상을 怨望(115)하지 않아야 한다.

옛 시대(116)의 학문의 의의(117)가 비록 오늘날의 그것과 동일할 수는 없지만 학문이 먼저 내 자신의 기쁨이 되고 남을 즐겁게 한다는 공자의 가르침은 영원한 진리가 아닐 수 없다. 동양(118)의 전통(119)적인 학문의 개념을 과학(120)적 태도(121)로 인식하기보다는 수양이나 경세 등 실천 도덕적인 윤리면이 더 큰 비중(122)을 차지했던 것이 사실이다.

학문이 오늘날처럼 우리의 마음과 정서를 고갈시키고 이해에 밝고 輕薄(123)한 인재를 대량 생산하는데 지나지 않는다면 학도의 학구생활을 좀먹는 근원적인 결함인 것이다. 이 점을 오늘날의 학도들은 냉정(124)한 판단으로 깊이 반성(125)해 볼 필요(126)가 있는 것이다.

<논어에서>

98. 제시 ( )
99. 복습 ( )
100. 진정 ( )
101. 이해 ( )
102. 성현 ( )
103. 실제 ( )
104. 행복 ( )
105. 시작 ( )
106. 기운 ( )
107. 勿論 ( )
108. 충만 ( )
109. 한량 ( )
110. 매명 ( )
111. 목적 ( )
112. 지식 ( )
113. 사회 ( )
114. 貢獻 ( )
115. 怨望 ( )
116. 시대 ( )
117. 의의 ( )
118. 동양 ( )
119. 전통 ( )
120. 과학 ( )
121. 태도 ( )
122. 비중 ( )
123. 輕薄 ( )
124. 냉정 ( )
125. 반성 ( )
126. 필요 ( )

※다음 一字多音字의 用例가 되는 單語를 하나씩만 漢字로 쓰시오.

127. 樂 : 노래 악 ( )
128.   즐길 락 ( )
129. 不 : 아닐 불 ( )
130.   아닐 부 ( )
131. 便 : 편할 편 ( )
132.   오줌 변 ( )

※音은 같으나 뜻이 다른 漢字語를 쓰시오.

133. 發電 : ( ) 세력 따위가 성하게 뻗어나감
134. 房門 : ( ) 사람이나 장소를 찾아감
135. 寶庫 : ( ) 결과나 내용을 말이나 글로 알림
136. 白放 : ( ) 온갖 방법
137. 受賞 : ( ) 내각의 우두머리

※다음 漢字語의 뜻을 쓰시오.

138. 徐行 : ( )
139. 湯藥 : ( )
140. 洪水 : ( )
141. 超過 : ( )
142. 礎石 : ( )

※다음 漢字의 部首를 쓰시오.

143. 麻 ( ) 144. 疑 ( ) 145. 香 ( )
146. 克 ( ) 147. 革 ( )

※漢字의 略字를 쓰시오.

148. 餘 ( ) 圖 ( )
149. 黨 ( ) 燈 ( )
150. 麗 ( ) 斷 ( )

105점 이상 합격!
150

第11回 한자능력검정시험 3급 II

(시험시간 : 60분)

※밑줄 친 漢字語 또는 제시된 漢字語의 讀音을 쓰시오.

1. 오늘 공방에서 <u>茶器</u>셋트를 사다. ( )
2. 시간상 인사말은 <u>省略</u>한다. ( )
3. 범인은 <u>暴惡</u>하기 그지없다. ( )
4. 장수들은 <u>劍術</u>이 뛰어나다. ( )
5. <u>邪戀</u>에 빠져서 고통스런 그 여자. ( )
6. 음력 정월을 <u>孟春</u>이라 한다. ( )
7. 손실 <u>累積</u>으로 어려움에 처했다. ( )
8. 신상품을 제외한 <u>其他</u>는 세일이다. ( )
9. <u>乘船</u> 인원이 만원이다. ( )
10. <u>拘束</u>할수록 자유를 갈망한다. ( )
11. <u>原稿</u> 청탁을 받고 집필을 시작하다. ( )
12. <u>僞證</u>도 벌을 받는다. ( )
13. 자식 잃은 <u>哀痛</u>한 심정. ( )
14. 부모님께 결혼 <u>承諾</u>을 받다. ( )
15. 야간조명이 <u>燒燈</u> 되는 것을 보다. ( )
16. 아버지는 <u>舍廊</u>으로 나가셨다. ( )
17. 지방관리들은 <u>私慾</u>을 채우기 급급했다. ( )
18. 정신병자는 <u>發狂</u>이 잦다. ( )
19. <u>胡燕</u>은 곤충을 잡아먹는 익조다. ( )
20. 영어로 <u>通譯</u>을 했다. ( )

21. 鑄鐵( )
22. 中途( )
23. 靜淑( )
24. 賃貸( )
25. 稀薄( )
26. 面刀( )
27. 凍傷( )
28. 多彩( )
29. 緊縮( )
30. 交換( )
31. 御命( )
32. 榮譽( )
33. 附錄( )
34. 昇段( )
35. 蘇聯( )
36. 記憶( )
37. 贊成( )
38. 仲媒( )
39. 幽谷( )
40. 悠久( )
41. 影響( )
42. 讓步( )
43. 四柱( )
44. 魂靈( )
45. 高僧( )

※다음 漢字의 訓과 音을 쓰시오.

46. 姉( ) 47. 遊( )
48. 侍( ) 49. 域( )
50. 負( ) 51. 審( )
52. 鉛( ) 53. 盜( )
54. 沿( ) 55. 階( )
56. 逃( ) 57. 悅( )
58. 臺( ) 59. 訟( )
60. 裕( ) 61. 刷( )
62. 封( ) 63. 柔( )
64. 寢( ) 65. 役( )
66. 轉( ) 67. 池( )
68. 鬼( ) 69. 菌( )
70. 陶( ) 71. 旦( )
72. 耐( )

※다음 밑줄 친 漢字語를 漢字로 쓰시오.

73. 언론의 <u>자유</u>. ( )
74. 납세의 <u>의무</u>. ( )
75. 장관 다음은 <u>차관</u>. ( )
76. 동양 반대는 <u>서양</u>. ( )
77. 세상을 <u>비관</u>하지 말자. ( )
78. 학문에 앞서 <u>예절</u>이 더 중요하다. ( )
79. 비행기가 무사히 <u>착륙</u>했다. ( )
80. 청소년이여 <u>야망</u>을 품어라. ( )
81. 한자공인급수 취득을 <u>시도</u> 해야지. ( )
82. 깍듯이 선배 <u>대접</u>을 받다. ( )
83. 시골에는 <u>빈촌</u>이 많이 있다. ( )
84. 의료보험의 줄인 말은 <u>의보</u>. ( )

※ 다음 밑줄 친 漢字語를 漢字로 쓰시오.

85. 가치도 이동하는 것이 좋겠다. ( )
86. 공공장소에서 흡연은 절대 금지. ( )
87. 반상회가 표준에 들어 있다. ( )
88. 어린이가 장애물을 극복하다. ( )
89. 공원에 수목이 많이 방치해야지. ( )
90. 교회당에서 기도 시간을 갖다. ( )
91. 살생하지 <u>사생결단</u>을 내셨다. ( )
92. 태풍 때 피해가 등이 많아졌다. ( )
93. 국민의 절서를 마음대로 쓴다. ( )
94. 방학동안의 <u>도덕생활</u>을 점검 참가. ( )
95. 할머니가 병원에서 퇴원하셨다. ( )
96. 종이의 재배 왕성을 돕는 정치. ( )
97. 정종에는 왕궁자치에 승강이 민주하다. ( )
98. 신생아 발상 중분 매일 맥을 중의. ( )
99. 금융이 공정을 신상인해 이루었다. ( )
100. 한자를 꾸준정답적 자정이 든다. ( )
101. 당가는 6.25에 <u>참전한</u> 용사장가이다. ( )
102. 매서 기간 때 한국어 관심이 고취된다. ( )

※ 反義·相對되는 漢字로 單語를 完成하시오.

103. ( )-閉 104. 甘-( ) 105. ( )-醜
106. ( )-女 107. 斗-( )
108. ( )-穫 ※ 다음 類義語를 완성하시오.
109. ( )-累蹟 110. ( )-下山
111. ( )-除 112. 乙-( ) 113. ( )-背叛

※ 다음 故事成語를 완성하시오.

113. 鷄( ) 114. ①言 ③九重泰 ( )
115. 巧( ) 116. 合力 ( )
117. 尾( ) 118. 武陵桃( ) ( )
119. 自律( ) 120. 音()晚 ( )
121. 化( ) 122. 新( ) 儒教 ( )

※ 같은 뜻의 漢字를 넣어 單語를 完成하시오.

123. 膚-( ) 124. 賜-( ) 125. 賈-( )
126. 繼-( ) 127. 繁-( )

※ 첫소리가 長音인 것을 고르시오.

128. ( ): ①儒教 ②擁護 ③肇運 ④永春
129. ( ): ①享子 ②享徽 ③守廟 ④代草
130. ( ): ①顯示 ②鑑別 ③讚頌 ④遭作
131. ( ): ①万達 ②吉上 ③劣戰 ④榮業
132. ( ): ①汞和 ②俸朽 ③號歲 ④江湖

※ 밑줄 친 뜻이 다른 漢字語를 쓰시오.

133. 單向:( ) 같은 고향
134. 和同:( ) 동정
135. ⎯:( ) 날리 다른 것이 잠이 벌 ( )
136. ⎯:( ) 아이가 가진 그림 ( )
137. ⎯:( ) 동창회 ( )

※ 다음 漢字語의 뜻을 쓰시오.

138. 棒荼: ( )
139. 配慮: ( )
140. 邊境: ( )
141. 瞬間: ( )
142. 廣水: ( )

※ 다음 漢字의 部首를 쓰시오.

143. 孫( ) 144. 華( ) 145. 絹( )
146. 行( ) 147. 亦( )

※ 漢字의 略字를 쓰시오.

148. 圖( )
149. 鐘( )
150. 氷( )

150
105점 이상 합격!

第12回 한자능력검정시험 3급 II

(시험시간 : 60분)

※밑줄 친 漢字語 또는 제시된 漢字語의 讀音을 쓰시오.

1. 나는 어디서나 率先 해서 행동한다. (   )
2. 다루기 便易한 기계장치. (   )
3. 대기업의 橫暴가 심하다. (   )
4. 중추佳節은 추석을 말한다. (   )
5. 요즘은 빈부 隔差가 심하다. (   )
6. 호남은 穀倉지대이다. (   )
7. 가을에는 菊花가 만발한다. (   )
8. 일이 緊迫하게 돌아가다. (   )
9. 학문 鍊磨로 이치를 터득하다. (   )
10. 겨울철 수도 凍破가 많다. (   )
11. 경로우대로 교통요금을 免除받다. (   )
12. 幽靈사이트를 조심하자. (   )
13. 御殿에서는 겸허한 자세로 임한다. (   )
14. 小盤위에 정안수 떠놓고 빌다. (   )
15. 경기침체로 임금 削減이 있다. (   )
16. 나는 사범대학 附設 학교를 나왔다. (   )
17. 고추를 發芽 시켜서 심다. (   )
18. 그녀는 忽然 미국으로 떠나다. (   )
19. 痛症이 심하여 고통스럽다. (   )
20. 밤사이 내린 秋霜에 뜰이 하얗다. (   )
21. 讚揚(   )
22. 中央(   )
23. 靜寂(   )
24. 臨終(   )
25. 稀壽(   )
26. 紅桃(   )
27. 透徹(   )
28. 追憶(   )
29. 卽刻(   )
30. 整齊(   )
31. 柔軟(   )
32. 漁獲(   )
33. 僧服(   )
34. 理髮(   )
35. 復習(   )
36. 方途(   )
37. 滅菌(   )
38. 頭腦(   )
39. 但書(   )
40. 困辱(   )
41. 恭敬(   )
42. 訣別(   )
43. 價値(   )
44. 工巧(   )
45. 丹粧(   )

※다음 漢字의 訓과 音을 쓰시오.

46. 帝(   )
47. 疲(   )
48. 幹(   )
49. 刑(   )
50. 潮(   )
51. 鑑(   )
52. 趣(   )
53. 層(   )
54. 誇(   )
55. 組(   )
56. 針(   )
57. 鼓(   )
58. 異(   )
59. 付(   )
60. 恐(   )
61. 驛(   )
62. 戒(   )
63. 錦(   )
64. 貢(   )
65. 紫(   )
66. 企(   )
67. 暫(   )
68. 麥(   )
69. 奪(   )
70. 簿(   )
71. 換(   )
72. 鎖(   )

※다음 밑줄 친 漢字語를 漢字로 쓰시오.

73. 통제구역에는 출입 금지 이다. (   )
74. 지극히 중요한 것은 자식의 교육 이다. (   )
75. 월드컵 우승의 영광. (   )
76. 광복절 경축 행사가 있다. (   )
77. 주말에 예식장에 가야지. (   )
78. 프로야구 열기가 뜨겁다. (   )
79. 국회는 법을 만든 입법부. (   )
80. 너의 의향을 분명히 밝혀라. (   )
81. 이모가 아들을 출산하셨다. (   )
82. KTX는 속도가 쾌속이다. (   )
83. 가족과 함께 송년의 밤을 보내자. (   )
84. 한자 공인급수를 취득하였다. (   )

85. 병은 초기에 치료해야 한다. ( )
86. 친구들의 의견을 참고하다. ( )
87. 반장선거에서 당선되었다. ( )
88. 어느새 최고급수에 도달한 한자실력. ( )
89. 성당에는 성모마리아 상이 있다. ( )
90. 도시에는 집들이 밀집 해 있다. ( )
91. 이번 100m 달리기에서 기록이 좋아졌다. ( )
92. 월드컵 결승에서 낙승한 태극전사. ( )
93. 삼성전자 광주 지사에 근무하신 삼촌. ( )
94. 심청이는 지극 정성으로 아버지를 봉양. ( )
95. 복습한 효과가 시험에서 나타나다. ( )
96. 친구들간의 약속은 꼭 지켜야지요. ( )
97. 국가에는 충성, 부모님께는 효도를! ( )
98. 겨울에는 소화기를 비치해 놔야 한다. ( )
99. 입사할때는 구비 해야 할 서류가 많다. ( )
100. 기차를 타고 설악산 눈꽃 여행을 하자. ( )
101. 학생들에게 상벌은 명확하게 해야한다. ( )
102. 재량시간에 한자공부 하기로 결정 했다. ( )

※反對·相對되는 漢字로 單語를 完成하시오.

103. 斷-( ) 104. 正-( ) 105. ( )-卑
106. 豊-( ) 107. 喜-( )

※反對語를 漢字로 적으시오.
108. ( )-默讀
109. ( )-重視 110. ( )-及第
111. ( )-主觀 112. ( )-閉會

※다음 故事成語를 完成하시오.

113. 三從之( ) 114. 氷炭之( )
115. 不偏不( ) 116. 恒茶飯( )
117. 何( )歲月 118. 彼此( )般
119. 風( )之歎 120. 氣高( )丈
121. 藥( )甘草 122. 孤掌( )鳴

※같은 뜻의 漢字를 넣어 單語를 完成하시오.

123. 征-( ) 124. ( )-貨 125. 貯-( )
126. 停-( ) 127. ( )-帥

※첫소리가 장음인 것을 고르시오.

128. ( ): ①動物 ②東海 ③恒常 ④審判
129. ( ): ①夫婦 ②距離 ③慾求 ④泰斗
130. ( ): ①原水 ②元首 ③援助 ④元祖
131. ( ): ①甚大 ②克己 ③由來 ④哀愁
132. ( ): ①技術 ②同門 ③洪城 ④染色

※音은 같으나 뜻이 다른 漢字語를 쓰시오.

133. 防寒:( ) 한국을 방문함
134. 毒酒:( ) 남을 앞질러 홀로 달림
135. 大田:( ) 맞서 싸움
136. 機智:( ) 군대나 탐험대 등 행동의 근거지
137. 〃 :( ) 의기와 의지

※다음 漢字語의 뜻을 쓰시오.

138. 特殊:( )
139. 忍耐:( )
140. 醉客:( )
141. 就職:( )
142. 禍根:( )

※다음 漢字의 部首를 쓰시오.

143. 唐( ) 144. 憲( ) 145. 條( )
146. 前( ) 147. 長( )

※漢字의 略字를 쓰시오.

148. 國( ) 寶( )
149. 脈( ) 眞( )
150. 畫( ) 體( )

105점 이상 합격!
150

4級Ⅱ ▷중간점검용◁

정답 66쪽

①	②	③	④	⑤
거리 가 ( )	그릇 기 ( )	두 량 ( )	벌할 벌 ( )	형상 상 ( ) 문서 장
거짓 가 ( )	일어날 기 ( )	고울 려 ( )	칠 벌 ( )	떳떳할 상 ( )
덜 감 ( )	따뜻할 난 ( )	이을 련 ( )	벽 벽 ( )	상 상 ( )
볼 감 ( )	어려울 난 ( )	벌릴 렬 ( )	가 변 ( )	생각 상 ( )
편안 강 ( )	성낼 노 ( )	기록할 록 ( )	갚을 보 ( )	베풀 설 ( )
욀 강 ( )	힘쓸 노 ( )	논할 론 ( )	걸음 보 ( )	별 성 ( )
낱 개 ( )	끊을 단 ( )	머무를 류 ( )	보배 보 ( )	성인 성 ( )
검사할 검 ( )	끝 단 ( )	법칙 률 ( )	지킬 보 ( )	성할 성 ( )
깨끗할 결 ( )	박달나무 단 ( )	찰 만 ( )	회복할 복 다시 부 ( )	소리 성 ( )
이지러질 결 ( )	홑 단 ( )	줄기 맥 ( )	마을 부 ( )	재 성 ( )
경사 경 ( )	통달할 달 ( )	터럭 모 ( )	며느리 부 ( )	정성 성 ( )
깨우칠 경 ( )	멜 담 ( )	칠 목 ( )	버금 부 ( )	가늘 세 ( )
지경 경 ( )	무리 당 ( )	호반 무 ( )	부자 부 ( )	세금 세 ( )
지날 경 ( )	띠 대 ( )	힘쓸 무 ( )	부처 불 ( )	형세 세 ( )
맬 계 ( )	무리 대 ( )	맛 미 ( )	갖출 비 ( )	본디 소 ( )
연고 고 ( )	인도할 도 ( )	아닐 미 ( )	날 비 ( )	쓸 소 ( )
벼슬 관 ( )	감독할 독 ( )	빽빽할 밀 ( )	슬플 비 ( )	웃음 소 ( )
구할 구 ( )	독 독 ( )	넓을 박 ( )	아닐 비 ( )	이을 속 ( )
글귀 구 ( )	구리 동 ( )	막을 방 ( )	가난할 빈 ( )	풍속 속 ( )
연구할 구 ( )	말 두 ( )	방 방 ( )	사례할 사 ( )	보낼 송 ( )
집 궁 ( )	콩 두 ( )	찾을 방 ( )	스승 사 ( )	거둘 수 ( )
권세 권 ( )	얻을 득 ( )	나눌 배 ( )	절 사 ( )	닦을 수 ( )
극진할 극 ( )	등 등 ( )	등 배 ( )	집 사 ( )	받을 수 ( )
금할 금 ( )	벌릴 라 ( )	절 배 ( )	죽일 살 감할 쇄 ( )	줄 수 ( )

4급Ⅱ 중간점검용

⑥	⑦	⑧	⑨	⑩
지킬 수 ( )	갈 왕 ( )	정사 정 ( )	참 진 ( )	쌀 포 ( )
순수할순 ( )	노래 요 ( )	정할 정 ( )	버금 차 ( )	사나울폭 모질 포 ( )
이을 승 ( )	얼굴 용 ( )	건널 제 ( )	살필 찰 ( )	표 표 ( )
베풀 시 ( )	둥글 원 ( )	끌 제 ( )	비롯할창 ( )	풍년 풍 ( )
볼 시 ( )	인원 원 ( )	절제할제 ( )	곳 처 ( )	한할 한 ( )
시 시 ( )	지킬 위 ( )	즈음 제 ( )	청할 청 ( )	배 항 ( )
시험 시 ( )	할 위 ( )	덜 제 ( )	다 총 ( )	항구 항 ( )
이 시 ( )	고기 육 ( )	제사 제 ( )	총 총 ( )	풀 해 ( )
쉴 식 ( )	은혜 은 ( )	지을 제 ( )	모을 축 ( )	시골 향 ( )
납 신 ( )	그늘 음 ( )	도울 조 ( )	쌓을 축 ( )	향기 향 ( )
깊을 심 ( )	응할 응 ( )	새 조 ( )	벌레 충 ( )	빌 허 ( )
눈 안 ( )	옳을 의 ( )	이를 조 ( )	충성 충 ( )	시험할험 ( )
어두울암 ( )	의논할의 ( )	지을 조 ( )	가질 취 ( )	어질 현 ( )
누를 압 ( )	옮길 이 ( )	높을 존 ( )	헤아릴측 ( )	피 혈 ( )
진 액 ( )	더할 익 ( )	마루 종 ( )	다스릴치 ( )	화할 협 ( )
양 양 ( )	끌 인 ( )	달릴 주 ( )	둘 치 ( )	은혜 혜 ( )
같을 여 ( )	도장 인 ( )	대 죽 ( )	이 치 ( )	좋을 호 ( )
남을 여 ( )	알 인 ( )	준할 준 ( )	침노할침 ( )	도울 호 ( )
거스릴역 ( )	막을 장 ( )	무리 중 ( )	쾌할 쾌 ( )	부를 호 ( )
펼 연 ( )	장수 장 ( )	더할 증 ( )	모습 태 ( )	집 호 ( )
갈 연 ( )	낮을 저 ( )	가리킬지 ( )	거느릴통 ( )	재물 화 ( )
연기 연 ( )	대적할적 ( )	뜻 지 ( )	물러날퇴 ( )	굳을 확 ( )
영화 영 ( )	밭 전 ( )	이를 지 ( )	깨뜨릴파 ( )	돌아올회 ( )
재주 예 ( )	끊을 절 ( )	지탱할지 ( )	물결 파 ( )	마실 흡 ( )
그르칠오 ( )	이을 접 ( )	직분 직 ( )	대포 포 ( )	일 흥 ( )
구슬 옥 ( )	길 정 ( )	나아갈진 ( )	베 포 보시 보 ( )	바랄 희 ( )

第13回 한자능력검정시험 3급Ⅱ

(시험시간 : 60분)

※밑줄 친 漢字語 또는 제시된 漢字語의 讀音을 쓰시오.

1. 품질이 낮은 <u>更紙</u>로 연습장을 하다. (　　)
2. 다음주는 피서가기로 <u>計畫</u> 돼 있다. (　　)
3. 한달 용돈 <u>拾萬</u>원을 받다. (　　)
4. 그 사람과 백년 <u>佳約</u>을 맺다. (　　)
5. 그 회사는 반도체 산업으로 <u>脚光</u>을 받다. (　　)
6. 뭉게구름이 <u>高峯</u>에 걸려있다. (　　)
7. 초식성 <u>恐龍</u>류는 네발보행을 했다. (　　)
8. 국민의 세금으로 <u>國祿</u>을 받다. (　　)
9. 권위유지와 <u>君臨</u>은 다른 것이다. (　　)
10. 비상금은 <u>緊要</u>하게 쓰일 때가 있다. (　　)
11. 까치가 울면 <u>吉兆</u>이다. (　　)
12. 서류는 <u>綿密</u>히 살펴봐야 한다. (　　)
13. 범인은 수사 <u>坐徑</u>에 들어와 있다. (　　)
14. <u>浮動</u> 자금 흐름을 파악하기 어렵다. (　　)
15. 결혼식 <u>司會</u>는 친구한테 부탁한다. (　　)
16. <u>抑壓</u>을 할수록 반감을 산다. (　　)
17. <u>靈魂</u>을 달래는 위령제가 있다. (　　)
18. <u>誤審</u>이라도 번복하지 않는다. (　　)
19. 보고서작성을 위해 사흘 <u>猶豫</u>를 얻었다. (　　)
20. 한밤에 몰래 <u>刺客</u>이 들었다. (　　)

21. 慈堂(　　)　22. 參禪(　　)
23. 追跡(　　)　24. 特殊(　　)
25. 何必(　　)　26. 紅裳(　　)
27. 閑寂(　　)　28. 波及(　　)
29. 畜舍(　　)　30. 卽時(　　)
31. 暫間(　　)　32. 潛伏(　　)
33. 提供(　　)　34. 曾發(　　)
35. 扶養(　　)　36. 殺菌(　　)
37. 森嚴(　　)　38. 訴訟(　　)
39. 新郞(　　)　40. 信賴(　　)
41. 旅館(　　)　42. 溫柔(　　)
43. 遺蹟(　　)　44. 瓦堂(　　)
45. 登頂(　　)

※다음 漢字의 訓과 音을 쓰시오.

46. 納(　　)　47. 段(　　)
48. 賦(　　)　49. 複(　　)
50. 鷄(　　)　51. 奔(　　)
52. 仁(　　)　53. 季(　　)
54. 奮(　　)　55. 姿(　　)
56. 尊(　　)　57. 迫(　　)
58. 宗(　　)　59. 莊(　　)
60. 盤(　　)　61. 透(　　)
62. 宴(　　)　63. 飯(　　)
64. 戀(　　)　65. 戲(　　)
66. 粧(　　)　67. 臨(　　)
68. 常(　　)　69. 晩(　　)
70. 媒(　　)　71. 梁(　　)
72. 勵(　　)

※다음 밑줄 친 漢字語를 漢字로 쓰시오.

73. 단순한 육체 <u>노동</u>. (　　)
74. 물가가 <u>인상</u> 되었다. (　　)
75. 좌측 선두 1번 <u>기준</u>. (　　)
76. 어머니는 <u>건축설계사</u>. (　　)
77. 미국과 이라크의 <u>전쟁</u>. (　　)
78. 장래 희망은 <u>치과의사</u>. (　　)
79. 영업 <u>정지</u> 처분을 받다 (　　)
80. 삼촌은 육군 <u>대장</u>이시다. (　　)
81. 근호는 <u>표정</u>이 부드럽다. (　　)
82. 나쁜 정책은 <u>개선</u> 해야죠. (　　)
83. 아버지는 <u>법률</u> 전문가시다. (　　)
84. 관직에서 물러나 <u>낙향</u>하다. (　　)

85. 구체적인 방안을 모색하다. ……………… ( )
86. 도리에 어긋난 비행 청소년. ……………… ( )
87. 지난 일을 돌이켜 회상하다. ……………… ( )
88. 한자 시험 100점에 만족하다. ……………… ( )
89. 북극 항로를 개척한 대한민국. ……………… ( )
90. 김유신은 문무를 겸비한 장군. ……………… ( )
91. 한라산 겨울 풍경은 가관이다. ……………… ( )
92. 기가 막혀 말도 못할 지경이다. ……………… ( )
93. 선생님 강의에 시선이 집중되다. ……………… ( )
94. 지켜야할 도리를 명분이라 한다. ……………… ( )
95. 장사를 하여 많은 이익을 얻었다. ……………… ( )
96. 합격자 발표 후 명암이 엇갈리다. ……………… ( )
97. 모든 일에는 정성이 깃들어야 한다. ……………… ( )
98. 형님은 장관이라는 관직에 계신다. ……………… ( )
99. 그녀의 속마음을 측량할 길이 없다. ……………… ( )
100. 이웃집 간에 방음 장치가 잘되어 있다. ……………… ( )
101. 자본주의 사회는 빈부의 격차가 있다. ……………… ( )
102. 선생님과 진로에 대하여 대화를 나누다. ……………… ( )

※反對·相對되는 漢字로 單語를 完成하시오.

103. 寒-( ) 104. ( )-假 105. ( )-疏
106. 虛-( ) 107. ( )-從

※反對語를 漢字로 적으시오.

108. ( )-入場
109. ( )-樂觀 110. ( )-專用
111. ( )-遠心 112. ( )-否決

※다음 故事成語를 完成하시오.

113. ( )氣衝天   114. 醉生夢( )
115. ( )刀亂麻   116. 泰山北( )
117. ( )顔大笑   118. 無爲徒( )
119. ( )在頃刻   120. 坐不安( )
121. 不恥下( )   122. 存亡之( )

※같은 뜻의 漢字를 넣어 單語를 完成하시오.

123. 租-( ) 124. ( )-祀 125. 製-( )
126. 帝-( ) 127. ( )-治

※첫소리가 장음인 것을 고르시오.

128. ( ) : ①男女 ②菜食 ③臺帳 ④庭園
129. ( ) : ①牧童 ②彼我 ③車道 ④管理
130. ( ) : ①獲得 ②損害 ③染料 ④英雄
131. ( ) : ①讓步 ②洋服 ③祝賀 ④稀貴
132. ( ) : ①淸潔 ②初刊 ③才能 ④放送

※音은 같으나 뜻이 다른 漢字語를 쓰시오.

133. 固辭 : ( ) 괴로운 생각
134. 〃 : ( ) 자세히 생각하고 조사함
135. 〃 : ( ) 옛날에 있었던 일
136. 過去 : ( ) 왕조때 벼슬아치를 뽑던 시험
137. 劇團 : ( ) 맨 끄트머리

※다음 漢字語의 뜻을 쓰시오.

138. 所謂 : ( )
139. 伯父 : ( )
140. 鶴舞 : ( )
141. 換錢 : ( )
142. 候鳥 : ( )

※다음 漢字의 部首를 쓰시오.

143. 高( ) 144. 夜( ) 145. 墓( )
146. 妻( ) 147. 喜( )

※漢字의 略字를 쓰시오.

148. 賣( ) 讀( )
149. 續( ) 價( )
150. 晝( ) 員( )

105점 이상 합격!
150

第14回 한자능력검정시험 3급 II

(시험시간 : 60분)

※밑줄 친 漢字語 또는 제시된 漢字語의 讀音을 쓰시오.

1. 할머니 生辰 때 드릴 선물을 샀다. ( )
2. 광고를 보고 문의전화가 殺到했다. ( )
3. 이번 시험의 難易도는 낮다. ( )
4. 幹部들만 모여서 회의를 했다. ( )
5. 계단의 間隔를 멀어 위험하다. ( )
6. 우승을 목표로 覺悟를 단단히 하다. ( )
7. 급성 肝炎으로 입맛이 떨어졌다. ( )
8. 협상의 決裂로 노사 냉각기를 갖다. ( )
9. 兼務로 인하여 피로가 가중되다. ( )
10. 수요에 따라 供給이 정해진다. ( )
11. 나라를 위해 貢獻하는 사람이 되자. ( )
12. 脅迫에 못 이겨 거짓말을 하다. ( )
13. 직원 勸誘로 책을 샀다. ( )
14. 경찰관 허리춤에 찬 拳銃 ( )
15. 羅裳을 입은 모습은 선녀같다. ( )
16. 落雷로 인하여 정전이 되다. ( )
17. 부채를 이용해서 納涼을 즐기다. ( )
18. 아이디어의 착상이 奇拔하다. ( )
19. 여행지를 踏査하고 왔다. ( )
20. 말대꾸는 唐突하게 느껴진다. ( )

21. 隆盛( )
22. 莫强( )
23. 謀略( )
24. 幼稚( )
25. 陰曆( )
26. 羽翼( )
27. 要綱( )
28. 欲情( )
29. 餘韻( )
30. 逆襲( )
31. 實吐( )
32. 愼重( )
33. 僧舞( )
34. 旬報( )
35. 修鍊( )
36. 衰退( )
37. 刷新( )
38. 疏通( )
39. 詳細( )
40. 符籍( )
41. 附則( )
42. 腐敗( )
43. 排球( )
44. 特徵( )
45. 含蓄( )

※다음 漢字의 訓과 音을 쓰시오.

46. 辯( )
47. 但( )
48. 系( )
49. 廷( )
50. 陳( )
51. 肖( )
52. 礎( )
53. 追( )
54. 震( )
55. 徵( )
56. 淨( )
57. 齊( )
58. 租( )
59. 贊( )
60. 側( )
61. 漆( )
62. 塔( )
63. 蒼( )
64. 策( )
65. 柱( )
66. 奏( )
67. 湯( )
68. 戚( )
69. 賤( )
70. 滯( )
71. 版( )
72. 偏( )

※다음 밑줄 친 漢字語를 漢字로 쓰시오.

73. 풍만한 몸은 자기관리가 필요하다. ( )
74. 제주도는 아름다운 절경이 뛰어나다. ( )
75. 칸을 벗어나서 쓰면 오답 처리된다. ( )
76. 종이 양면을 다 쓰고 버리자. ( )
77. 살아생전 효도를 다해야 한다. ( )
78. 연휴를 즐기려는 여객들로 붐볐다. ( )
79. 오늘은 취업자들이 응시하러 가는 날이다. ( )
80. 나의 장래 희망은 선생님이다. ( )
81. 내일은 삼촌이 제대 하는 날이다. ( )
82. 각 정당의 주장은 틀리다. ( )
83. 성공사례발표로 강단에 섰다. ( )
84. 서론은 짧게, 본론은 길게. ( )

85. 푸른 목장에서 뛰어노는 젖소.
  ……………………………… (　　　)
86. 미리 소방 훈련을 해야 한다.
  ……………………………… (　　　)
87. 광고 한 컷도 정성을 다해서 찍자.
  ……………………………… (　　　)
88. 이번 기회에 관계를 돈독히 하다.
  ……………………………… (　　　)
89. 청결 하도록 귀가 후 손을 씻자.
  ……………………………… (　　　)
90. 저지대는 상습 침수지역이다.
  ……………………………… (　　　)
91. 우리나라는 광복 이후 비약적인 발전이 되다.
  ……………………………… (　　　)
92. 그늘의 평상에 앉아 담소를 나누다.
  ……………………………… (　　　)
93. 잘못된 부분을 시인하다.
  ……………………………… (　　　)
94. 다정한 부부는 보기도 좋다.
  ……………………………… (　　　)
95. 나를 인도 해 주실 신부님은 훌륭하시다.
  ……………………………… (　　　)
96. 대기업에 서류 지원을 하다.
  ……………………………… (　　　)
97. 노변에 예쁜꽃들이 만발하다.
  ……………………………… (　　　)
98. 벌목도 관청의 허가를 받아야 한다.
  ……………………………… (　　　)
99. 이미 충분한 논의와 절차를 거치다.
  ……………………………… (　　　)
100. 외국에 가면 언어의 장벽에 부딪힌다.
  ……………………………… (　　　)
101. 합격통과하면 검인을 찍는다.
  ……………………………… (　　　)
102. 형제자매처럼 지내자고 결의를 맺다.
  ……………………………… (　　　)

※같은 뜻의 漢字를 넣어 單語를 完成하시오.

103. 疾-(　　) 104. 珍-(　　) 105. (　　)-就
106. 至-(　　) 107. 憎-(　　)

※反對語를 漢字로 적으시오.

108. (　　)-勝利
109. (　　)-苦痛　110. (　　)-正午
111. (　　)-人爲　112. (　　)-近攻

※反對·相對되는 漢字로 單語를 完成하시오.

113. 異-(　　) 114. 離-(　　) 115. (　　)-亡
116. 丹-(　　) 117. 旦-(　　)

※다음 故事成語를 完成하시오.

118. (　　)機之敎　119. 立(　　)揚名
120. (　　)彼知己　121. 龍(　　)蛇尾
122. (　　)脫不及　123. 滅私(　　)公
124. (　　)齒腐心　125. 悠悠(　　)適
126. (　　)寡不敵　127. 一觸卽(　　)

※첫소리가 장음인 것을 고르시오.

128. (　　) : ①培養 ②卓見 ③漁業 ④堅固
129. (　　) : ①森嚴 ②存在 ③戀愛 ④懇曲
130. (　　) : ①軟骨 ②項目 ③登校 ④率先
131. (　　) : ①前半 ②全般 ③前例 ④典例
132. (　　) : ①庭園 ②定員 ③停戰 ④停電

※音은 같으나 뜻이 다른 漢字語를 쓰시오.

133. 假說 : (　　) 더 설치함
134. 警備 : (　　) 어떤 일을 하는데 드는 비용
135. 高價 : (　　) 옛날 집
136. 空氣 : (　　) 빈 그릇
137. 〃 : (　　) 공사하는 기간

※다음 漢字語의 뜻을 쓰시오.

138. 倉庫 : (　　)
139. 長壽 : (　　)
140. 胸部 : (　　)
141. 周衣 : (　　)
142. 坐視 : (　　)

※다음 漢字의 部首를 쓰시오.

143. 比(　　) 144. 鬼(　　) 145. 九(　　)
146. 事(　　) 147. 西(　　)

※漢字의 略字를 쓰시오.

148. 單(　　) 戰(　　)
149. 鐵(　　) 會(　　)
150. 總(　　) 蟲(　　)

105점 이상 합격!
/150

第15回 한자능력검정시험 3급Ⅱ

(시험시간 : 60분)

※밑줄 친 漢字語 또는 제시된 漢字語의 讀音을 쓰시오.

1. 憎惡하는 마음을 없애야한다. ( )
2. 혼인이나 환갑의 좋은 날이 있는 佳辰 ( )
3. 웃으면 이가 드러나는 見齒 ( )
4. 어릴 때 紅疫 예방접종을 맞다. ( )
5. 외출할 때 化粧을 예쁘게 하신다. ( )
6. 신라시대 花郞들은 세속오계를 지킨다. ( )
7. 경리가 帳簿를 기록하고 있다. ( )
8. 祭祀가 되면 식구들이 다 모인다. ( )
9. 피서철로 고속도로가 停滯된다. ( )
10. 새 정부 組閣에 인선을 하다. ( )
11. 여자아이들이 早熟한 편이다. ( )
12. 선생님께 잘못을 指摘 받다. ( )
13. 급한 상황일수록 沈着해야 한다. ( )
14. 일생동안 책을 몇 번 編著하였다. ( )
15. 부모님의 許諾을 받고 여행가다. ( )
16. 잘못된 弊習은 타파해야 한다. ( )
17. 열심히 일하고 餘裕있는 생활. ( )
18. 남자친구는 성격이 疏脫하다. ( )
19. 빠진 강의를 補講하였다. ( )
20. 정치권 개입의 排除가 필수적이다. ( )
21. 放浪( ) 22. 妙策( )
23. 磨滅( ) 24. 丹楓( )
25. 耐震( ) 26. 冷凍( )
27. 均衡( ) 28. 克復( )
29. 寡慾( ) 30. 感染( )
31. 傾斜( ) 32. 京畿( )
33. 硬直( ) 34. 署名( )
35. 緩急( ) 36. 開催( )
37. 參照( ) 38. 眞珠( )
39. 漆器( ) 40. 寬容( )
41. 行廊( ) 42. 爭奪( )
43. 平凡( ) 44. 礎石( )
45. 繁盛( )

※다음 漢字의 訓과 音을 쓰시오.

46. 忍( ) 47. 逸( )
48. 豪( ) 49. 潛( )
50. 藏( ) 51. 忽( )
52. 丈( ) 53. 栽( )
54. 還( ) 55. 寂( )
56. 笛( ) 57. 荒( )
58. 亭( ) 59. 肺( )
60. 懷( ) 61. 捕( )
62. 彼( ) 63. 胸( )
64. 鶴( ) 65. 汗( )
66. 項( ) 67. 獻( )
68. 脅( ) 69. 浩( )
70. 懇( ) 71. 蓋( )
72. 隔( )

※反對・相對되는 漢字・漢字語를 쓰시오.

73. ( )-貧賤 74. ( )-幼
75. ( )-現實 76. ( )-易
77. ( )-積極

※같은 뜻의 漢字를 써 單語를 完成하시오.

78. 趣-( ) 79. 獲-( ) 80. 恒-( )
81. 討-( ) 82. 探-( ) 83. ( )-望
84. 淸-( ) 85. 聽-( ) 86. ( )-所
87. 秩-( )

※다음 故事成語를 完成하시오.

88. 離合( )散 89. ( )履薄氷
90. 炎涼世( ) 91. ( )上加霜
92. 宿虎衝( ) 93. ( )終一貫
94. 國泰民( ) 95. 高臺( )室
96. 刻骨銘( ) 97. 生者( )滅

※ 다음 글에서 밑줄 친 單語중 한글표기는 漢字로, 漢字표기는 한글로 고쳐 쓰시오.

인간의 삶이 모두 그러하듯이 원만(98)하게 사람을 다스리자면 개인(99)적인 사무보다는 공익(100)을 앞세우는 공적인 업무(101)에 보다 더욱 신중한 배려가 요구되는 것이다. 아무리 뛰어난 정치(102)가라도 사건에만 몰두하여 올바른 가치관이 결여되어 있다면 그를 따르는 모든 백성(103)들의 앞날은 고난과 危險(104)을 면할 수 없을 것이다. 백성들의 신의를 잃지 않으려면 국비를 절약(105)하고 편파적인 사고(106) 방식(107)을 근절(108)시켜야 한다. 독선(109)이 불러 들이는 부작용(110)으로 인한 사회의 混亂(111), 무질서의 세계(112)가 될 것이다. 또한 덕을 갖춘 정치가에게는 신뢰감을 바탕으로 백성들을 받들어서 현재보다 발전(113)된 내일을 기약해야 한다. 假飾(114)으로 위장된 진실, 그리고 믿을 수 없는 사람의 설교(115)도 많을 것이다. 링컨이 훌륭한 지도자이지만 그의 노예해방 운동을 극력 반대(116)하는 사람도 있었다.

이와 같은 예(117)로 볼 때 현대 정치 생활(118)에 있어서 신의(119)의 喪失(120)과 衰退(121)는 민주정치의 치명적(122)인 결함이다.

공자는 덕치에서 백성에 대한 신의를 강조(123)하였다. 따라서 정치가는 조변석개(124) 같은 얄팍한 변덕을 부리지 말고 애민 양육(125)을 해야함은 너무나 당연(126)한 이론(127)인 것이다.

<논어에서>

98. 원만 (　　) 99. 개인 (　　)
100. 공익 (　　) 101. 업무 (　　)
102. 정치 (　　) 103. 백성 (　　)
104. 危險 (　　) 105. 절약 (　　)
106. 사고 (　　) 107. 방식 (　　)
108. 근절 (　　) 109. 독선 (　　)
110. 부작용 (　　) 111. 混亂 (　　)
112. 세계 (　　) 113. 발전 (　　)
114. 假飾 (　　) 115. 설교 (　　)
116. 반대 (　　) 117. 예 (　　)
118. 생활 (　　) 119. 신의 (　　)
120. 喪失 (　　) 121. 衰退 (　　)
122. 치명적 (　　) 123. 강조 (　　)
124. 조변석개 (　　) 125. 양육 (　　)
126. 당연 (　　) 127. 이론 (　　)

※ 첫소리가 장음인 것을 고르시오.

①但書 ②審問 ③歸家 ④季刊 ⑤請求
⑥亂動 ⑦氣運 ⑧啓導 ⑨猛獸 ⑩倫理

128. (　　) 129. (　　) 130. (　　)
131. (　　) 132. (　　)

※ 音은 같으나 뜻이 다른 漢字語를 쓰시오.

133. 加擊 : (　　) 값
134. 鄕愁 : (　　) 화장품의 한 가지
135. 甘受 : (　　) 수를 줄임
136. 結社 : (　　) 죽음을 각오함
137. 敬老 : (　　) 지나는 길

※ 다음 漢字語의 뜻을 쓰시오.

138. 諸君 : (　　)
139. 漸次 : (　　)
140. 痛症 : (　　)
141. 我執 : (　　)
142. 假裝 : (　　)

※ 다음 漢字의 部首를 쓰시오.

143. 尙 (　　) 144. 風 (　　) 145. 就 (　　)
146. 與 (　　) 147. 亞 (　　)

※ 漢字의 略字를 쓰시오.

148. 學 (　　) 擧 (　　)
149. 解 (　　) 興 (　　)
150. 缺 (　　) 齒 (　　)

105점 이상 합격!
/150

第16回 한자능력검정시험 3급Ⅱ

(시험시간 : 60분)

※밑줄 친 漢字語 또는 제시된 漢字語의 讀音을 쓰시오.

1. 남의 怨恨은 사지말자. ( )
2. 수학여행으로 遺蹟지를 갔다. ( )
3. 군사를 통솔 지휘하는 將帥 ( )
4. 동물은 回歸 본능이 있다. ( )
5. 졸업을 祝賀한다. ( )
6. 한잔을 하고 醉興에 노래를 부르다. ( )
7. 마라톤대회에 健脚의 참가자들. ( )
8. 빈 점포를 賃貸 해 주다. ( )
9. 마당에 庭園을 예쁘게 꾸미다. ( )
10. 비평을 곁들인 전기를 評傳이라 한다. ( )
11. 밭에는 土壤이 좋아야 작물이 잘된다. ( )
12. 삶에 있어 餘裕로운 생활. ( )
13. 유교 도덕의 기본이 되는 三綱 ( )
14. 학교에서 나의 役割이 중요하다. ( )
15. 마트에서 집까지는 距離가 멀다. ( )
16. 무단 脫獄을 하면 형벌이 가중된다. ( )
17. 陰陽이 조화로워야 한다. ( )
18. 매형은 누나의 美貌에 반했다고 한다. ( )
19. 성적이 普通 이상으로 나왔다. ( )
20. 儒林에서는 훌륭한 선비가 배출된다. ( )
21. 約束 ( ) 22. 王陵 ( )
23. 悲劇 ( ) 24. 血盟 ( )
25. 架橋 ( ) 26. 愛讀 ( )
27. 豫選 ( ) 28. 淸掃 ( )
29. 夏季 ( ) 30. 吉凶 ( )
31. 委員 ( ) 32. 投稿 ( )
33. 牛乳 ( ) 34. 空軍 ( )
35. 恭敬 ( ) 36. 窓門 ( )

※다음 漢字의 訓과 音을 쓰시오.

37. 誤 ( ) 38. 他 ( )
39. 慈 ( ) 40. 君 ( )
41. 永 ( ) 42. 霜 ( )
43. 示 ( ) 44. 厚 ( )
45. 閑 ( ) 46. 鳥 ( )
47. 婢 ( ) 48. 雪 ( )
49. 羽 ( ) 50. 權 ( )
51. 牙 ( ) 52. 胸 ( )
53. 習 ( ) 54. 泉 ( )
55. 哲 ( ) 56. 塔 ( )
57. 個 ( ) 58. 宙 ( )
59. 旗 ( ) 60. 旦 ( )
61. 梅 ( ) 62. 武 ( )
63. 笑 ( )

※첫소리가 長音인 것을 고르시오.

64. ( ) : ①鳳仙花 ②當場 ③疲勞 ④看病
65. ( ) : ①射擊 ②謀議 ③趣味 ④嚴重
66. ( ) : ①構成 ②猛犬 ③父母 ④呼訴
67. ( ) : ①壁畫 ②危急 ③凍傷 ④伏兵
68. ( ) : ①修養 ②速達 ③飮料 ④隊員

※다음 漢字의 反對字를 써 넣어 漢字語를 만드시오.

69. 할머니 春( )는 어떻게 되시는지요?
70. 현장에서는 晝( ) 근무가 있다.
71. 정치에서는 ( )舊파가 대립된다.
72. 사람의 마음에는 善( )이 공존한다.
73. 祖( )이 한자리에서 제를 올리다.

※ 다음 글에서 밑줄 친 單語중 한글표기는 漢字로, 漢字표기는 한글로 고쳐 쓰시오.

○ 당시의 조선(74) 한문, 요새로 치면 국어 선생(75)이라고 할까요. 민족주의적인 色彩(76)가 농후하신, 일제시대에 영어(圖圖) 생활도 한 분이예요. 역시 민족(77) 감정(78)을 고쳐하는 그런 시조(79) 강의(80)를 하였어요.
○ 언어의 오염이라는 것이 작은 문제가 아닙니다. 사실(81) 우리 민족의 정신(82)과도 직결(83)되는 겁니다.
○ 다행(84)히 작년부터 조금 서광이 보입니다. 그렇게 절망(85)은 아니예요. 지금 한자 교육(86)을 정식(87)으로 하고 있는 곳이 많습니다.
○ 일본(88)을 이기는 것, 즉 극일은 지력과 倫理(89)로 봅니다. 땅이 넓고 인구(90)가 많아야 강국은 아니거든요. 그 옛날에 영국같은 섬나라가 세계에 웅비(91)하지 않았어요.
○ 한글 전용에 관한 법률(92) 제6호는 '공용(93)문서를 적는데 적용할 규제(94)인 것이다. 그런데 이것이 잘못 解釋(95)되어 대한민국의 모든 글은 한글로 쓴다'로 받아들이게 된 것이다. 실로 어처구니없는 일이 아닐 수 없다.
○ 우리 한글은 이 지구상에서 다시 찾아볼 수 없는 優秀(96)한 표음문자이다.
○ 국어교육 과정(97)에서 段階(98)적으로 일정 수(99)의 한자를 가르쳐 익히게 하는 것이 우리말에 숙달하는 지름길이라는 것이다.
○ 이 簡單(100)하고도 명백(101)한 문제 때문에 이를 해결하려는 남다른 意慾(102) 때문에 한 노학자(103)는 한 세대(104)에 걸친 세월(105)을 부르짖음으로 보내었다. 참으로 기막힌 일이 아닐 수 없다.
○ 지조(106)란 것은 순일(107)한 정신을 지키기 위한 불타는 신념(108)이요, 고귀(109)한 투쟁이기까지 하다.
○ 독립(110) 운동(111)할 때의 혁명가와 정치(112)인은 모두 지사였다.

74. 조선( )	75. 선생( )
76. 色彩( )	77. 민족( )
78. 감정( )	79. 시조( )
80. 강의( )	81. 사실( )
82. 정신( )	83. 직결( )
84. 다행( )	85. 절망( )
86. 교육( )	87. 정식( )
88. 일본( )	89. 倫理( )
90. 인구( )	91. 웅비( )
92. 법률( )	93. 공용( )
94. 규제( )	95. 解釋( )
96. 優秀( )	97. 과정( )
98. 段階( )	99. 수 ( )
100. 簡單( )	101. 명백( )
102. 意慾( )	103. 노학자( )
104. 세대( )	105. 세월( )
106. 지조( )	107. 순일( )
108. 신념( )	109. 고귀( )
110. 독립( )	111. 운동( )
112. 정치( )	

※ 다음 漢字語의 反對語를 漢字로 쓰시오.
113. 減少-( )   114. 進步-( )
115. 上昇-( )   116. 背恩-( )
117. 成功-( )

※ 다음 漢字의 類義字를 찾아 그 번호를 쓰시오.

①宅 ②睦 ③炎 ④智 ⑤鏡 ⑥郞 ⑦泰 ⑧宿

118. 男 -( )   119. 戶 -( )
120. 火 -( )   121. 太 -( )
122. 慧 -( )

※ ( )안에 알맞은 漢字를 넣어 故事成語를 완성하시오.
123. ( )折羊腸   124. 魚頭( )尾
125. ( )貧樂道   126. 金石之( )
127. 女( )從夫   128. 百戰百( )
129. 桑( )碧海   130. 無爲徒( )
131. 四分( )裂   132. 首丘初( )

※ 音은 같으나 뜻이 다른 漢字語를 쓰시오.
133. 私地:( ) 죽은 땅.
134. 辭典:( ) 역사의 이전.
135. 科學:( ) 지나간 때.
136. 改量:( ) 고치어 좋게 함.
137. 貞婦:( ) 국가의 통치권을 행사하는 기관.

※ 다음 漢字語의 뜻을 쓰시오.
138. 忍耐:( )
139. 完走:( )
140. 兩親:( )
141. 沙漠:( )
142. 創造:( )

※ 다음 漢字의 部首를 쓰시오.
143. 曜( ) 144. 孝( ) 145. 察( )
146. 勿( ) 147. 著( )

※ 다음 漢字의 略字를 쓰시오.
148. 會( ) 149. 區( ) 150. 萬( )

5級 ▷중간점검용◁

정답 67쪽

①
| 더할 가 ( ) |
| 옳을 가 ( ) |
| 고칠 개 ( ) |
| 갈 거 ( ) |
| 들 거 ( ) |
| 굳셀 건 ( ) |
| 물건 건 ( ) |
| 세울 건 ( ) |
| 가벼울 경 ( ) |
| 다툴 경 ( ) |
| 볕 경 ( ) |
| 굳을 고 ( ) |
| 생각할 고 ( ) |
| 굽을 곡 ( ) |
| 다리 교 ( ) |
| 구원할 구 ( ) |
| 귀할 귀 ( ) |
| 법 규 ( ) |
| 줄 급 ( ) |
| 물끓는김 기 ( ) |
| 기약할 기 ( ) |
| 재주 기 ( ) |
| 길할 길 ( ) |
| 단 단 ( ) |
| 말씀 담 ( ) |

②
| 도울 도 ( ) |
| 섬 도 ( ) |
| 떨어질 락 ( ) |
| 찰 랭 ( ) |
| 헤아릴 량 ( ) |
| 거느릴 령 ( ) |
| 하여금 령 ( ) |
| 헤아릴 료 ( ) |
| 말 마 ( ) |
| 끝 말 ( ) |
| 망할 망 ( ) |
| 살 매 ( ) |
| 팔 매 ( ) |
| 없을 무 ( ) |
| 곱 배 ( ) |
| 쓸 비 ( ) |
| 견줄 비 ( ) |
| 코 비 ( ) |
| 얼음 빙 ( ) |
| 베낄 사 ( ) |
| 조사할 사 ( ) |
| 생각 사 ( ) |
| 상줄 상 ( ) |
| 차례 서 ( ) |
| 가릴 선 ( ) |

③
| 배 선 ( ) |
| 착할 선 ( ) |
| 보일 시 ( ) |
| 책상 안 ( ) |
| 고기 어 ( ) |
| 고기잡을 어 ( ) |
| 억 억 ( ) |
| 더울 열 ( ) |
| 잎 엽 ( ) |
| 집 옥 ( ) |
| 완전할 완 ( ) |
| 빛날 요 ( ) |
| 목욕할 욕 ( ) |
| 소 우 ( ) |
| 수컷 웅 ( ) |
| 집 원 ( ) |
| 언덕 원 ( ) |
| 원할 원 ( ) |
| 자리 위 ( ) |
| 귀 이 ( ) |
| 인할 인 ( ) |
| 재앙 재 ( ) |
| 두 재 ( ) |
| 다툴 쟁 ( ) |
| 쌓을 저 ( ) |

④
| 붉을 적 ( ) |
| 머무를 정 ( ) |
| 잡을 조 ( ) |
| 마칠 종 ( ) |
| 허물 죄 ( ) |
| 그칠 지 ( ) |
| 부를 창 ( ) |
| 쇠 철 ( ) |
| 처음 초 ( ) |
| 가장 최 ( ) |
| 빌 축 ( ) |
| 이를 치 ( ) |
| 법칙 칙 / 곧 즉 ( ) |
| 다를 타 ( ) |
| 칠 타 ( ) |
| 높을 탁 ( ) |
| 숯 탄 ( ) |
| 널 판 ( ) |
| 패할 패 ( ) |
| 물 하 ( ) |
| 찰 한 ( ) |
| 허락 허 ( ) |
| 호수 호 ( ) |
| 근심 환 ( ) |
| 검을 흑 ( ) |

5級 Ⅱ　　　▷중간점검용◁

①
값　　가 (　　)
손　　객 (　　)
격식　격 (　　)
볼　　견
뵈올　현 (　　)
결단할결 (　　)
맺을　결 (　　)
공경　경 (　　)
고할　고 (　　)
공부할과 (　　)
지날　과 (　　)
관계할관 (　　)
볼　　관 (　　)
넓을　광 (　　)
갖출　구 (　　)
예　　구 (　　)
판　　국 (　　)
몸　　기 (　　)
터　　기 (　　)
생각　념 (　　)
능할　능 (　　)
둥글　단 (　　)
마땅　당 (　　)
큰　　덕 (　　)
이를　도 (　　)
홀로　독 (　　)

②
밝을　랑 (　　)
어질　량 (　　)
나그네려 (　　)
지날　력 (　　)
익힐　련 (　　)
일할　로 (　　)
무리　류 (　　)
흐를　류 (　　)
뭍　　륙 (　　)
바랄　망 (　　)
법　　법 (　　)
변할　변 (　　)
병사　병 (　　)
복　　복 (　　)
받들　봉 (　　)
사기　사 (　　)
선비　사 (　　)
섬길　사 (　　)
낳을　산 (　　)
서로　상 (　　)
장사　상 (　　)
고울　선 (　　)
신선　선 (　　)
말씀　설
달랠　세 (　　)
성품　성 (　　)

③
씻을　세 (　　)
해　　세 (　　)
묶을　속 (　　)
머리　수 (　　)
잘　　숙
별자리수 (　　)
순할　순 (　　)
알　　식
기록할지 (　　)
신하　신 (　　)
열매　실 (　　)
아이　아 (　　)
악할　악
미워할오 (　　)
맺을　약 (　　)
기를　양 (　　)
요긴할요 (　　)
벗　　우 (　　)
비　　우 (　　)
구름　운 (　　)
으뜸　원 (　　)
클　　위 (　　)
써　　이 (　　)
맡길　임 (　　)
재목　재 (　　)
재물　재 (　　)
과녁　적 (　　)
법　　전 (　　)

④
전할　전 (　　)
펼　　전 (　　)
끊을　절
모두　체 (　　)
마디　절 (　　)
가게　점 (　　)
뜻　　정 (　　)
고를　조 (　　)
마칠　졸 (　　)
씨　　종 (　　)
주일　주 (　　)
고을　주 (　　)
알　　지 (　　)
바탕　질 (　　)
붙을　착 (　　)
참여할참
석　　삼 (　　)
꾸짖을책 (　　)
채울　충 (　　)
집　　택
집　　대 (　　)
물건　품 (　　)
반드시필 (　　)
붓　　필 (　　)
해할　해 (　　)
될　　화 (　　)
본받을효 (　　)
흥할　흥 (　　)

第17回 한자능력검정시험 3급II

(시험시간 : 60분)

※밑줄 친 漢字語 또는 제시된 漢字語의 讀音을 쓰시오.

1. 법원 判決에서 승소하였다. ( )
2. 갖고 있던 부동산을 讓渡하다. ( )
3. 그 소문은 根據가 없다. ( )
4. 법정 鬪爭으로 잘잘못을 가리다. ( )
5. 숫자를 다른 순열로 置換하다. ( )
6. 물체에 衝擊을 가하면 깨진다. ( )
7. 낡은 제도를 改革하다. ( )
8. 방학에도 計劃된 생활을 하자. ( )
9. 선거전에서의 公約은 지켜야한다. ( )
10. 일을 할때는 效率적으로 해야한다. ( )
11. 오늘은 著者 팬사인회가 있다. ( )
12. 직장에서 부장으로 昇進 하다. ( )
13. 국민의 혈세를 浪費해서는 안된다. ( )
14. 그 여자는 말년이 薄福한 상이다. ( )
15. 방치해 둔 과일이 折半은 썩었다. ( )
16. 여름철 腐敗된 음식을 조심해야한다. ( )
17. 감언이설로 誘惑하다. ( )
18. 지성과 미모를 兼備한 여성. ( )
19. 비행기가 드디어 離陸을 했다. ( )
20. 飛行하는 모습에 눈이 부시다. ( )
21. 模範( ) 22. 筋肉( )
23. 狀況( ) 24. 發射( )
25. 契機( ) 26. 均衡( )
27. 危險( ) 28. 深刻( )
29. 適切( ) 30. 武裝( )
31. 抑止( ) 32. 情勢( )
33. 生存( ) 34. 繁榮( )
35. 目標( ) 36. 憂慮( )
37. 同盟( ) 38. 夢想( )
39. 拍車( ) 40. 負擔( )
41. 周邊( ) 42. 慰勞( )

※다음 漢字의 訓과 音을 쓰시오.

43. 泥( ) 44. 帶( )
45. 顔( ) 46. 羅( )
47. 洞( ) 48. 斜( )
49. 祕( ) 50. 覽( )
51. 脈( ) 52. 肥( )
53. 紋( ) 54. 廊( )
55. 類( ) 56. 盤( )
57. 拔( ) 58. 貌( )
59. 奉( ) 60. 脚( )
61. 貯( ) 62. 告( )
63. 等( ) 64. 功( )
65. 紫( ) 66. 緊( )
67. 努( ) 68. 怒( )
69. 幽( )

※다음 첫소리가 長音인 것을 고르시오.

70. ( ) : ①歌曲 ②何必 ③街頭 ④來日
71. ( ) : ①看護 ②綿絲 ③角材 ④道德
72. ( ) : ①官職 ②滿足 ③趣味 ④映畫
73. ( ) : ①燒失 ②復活 ③牧童 ④氷山
74. ( ) : ①勉勵 ②複寫 ③崇拜 ④考察

※다음 漢字의 反對字를 써 넣어 漢字語를 만드시오.

75. ( )-續 76. 緩-( )
77. ( )-僞 78. 賣-( )
79. ( )-應

※다음 漢字語의 反對語를 漢字로 쓰시오.

80. 破壞-( ) 81. 苦痛-( )
82. 起立-( ) 83. 形式-( )
84. 怨恨-( )

※다음 글에서 밑줄 친 單語중 한글표기는 漢字로, 漢字표기는 한글로 고쳐 쓰시오.

○대통령(85)은 북한이 핵실험을 해도 그들의 의도(86)와 국방력을 여전(87)히 과소(88) 評價(89)하여 우리의 안보(90)에 문제가 없다고 생각한다.
○그들의 행동을 심각한 威脅(91)으로 인정하여, 국방부에서 국방백서에 명기(92)했던 것은 다행(93)스럽고 당연(94)한 일이다.
○과다한 분량(95)을 독자적(96)으로 줄일 수 있는 현실성(97) 있는 방법(98)을 모색해야 한다.
○우리의 평화(99)를 강화(100)할 수 있는 대안(101)을 찾되 강대국들과 우호(102)적인 관계(103)를 維持(104)하는 것은 중요(105)하다.
○교사(106)의 기본(107) 의무인 수업(108)을 거부하는 것은 학생들의 권리를 침해(109)하는 것이다.
○학생들에게 위자료를 지급(110)한 배경(111)은 학생들을 가르쳐야 한다는 교사들의 기본 정신(112)을 확인(113) 한다는 원칙(114)에 의한 것이다.
○정부(115)는 집단(116)의 무질서에 대한 책임(117)을 질책해야 한다.

85. 대통령 (   ) 86. 의도 (   )
87. 여전 (   )   88. 과소 (   )
89. 評價 (   )   90. 안보 (   )
91. 威脅 (   )   92. 명기 (   )
93. 다행 (   )   94. 당연 (   )
95. 분량 (   )   96. 독자적 (   )
97. 현실성 (   ) 98. 방법 (   )
99. 평화 (   )   100. 강화 (   )
101. 대안 (   )   102. 우호 (   )
103. 관계 (   )   104. 維持 (   )
105. 중요 (   )   106. 교사 (   )
107. 기본 (   )   108. 수업 (   )
109. 침해 (   )   110. 지급 (   )
111. 배경 (   )   112. 정신 (   )
113. 확인 (   )   114. 원칙 (   )
115. 정부 (   )   116. 집단 (   )
117. 책임 (   )

※(   )안에 알맞은 漢字를 넣어 故事成語를 완성하시오.

118. 甘言(   )說   119. 架(   )人物
120. 江湖(   )波   121. 無(   )徒食
122. 十年(   )壽   123. 經世(   )民
124. 臨時(   )通   125. 金枝玉(   )
126. 美辭(   )句   127. 東奔西(   )

※다음 漢字의 類義字를 찾아 그 번호를 쓰시오.

① 剛   ② 留   ③ 貢   ④ 梁
⑤ 得   ⑥ 賢   ⑦ 攻   ⑧ 鐵

128. 納 - (   )   129. 堅 - (   )
130. 橋 - (   )   131. 居 - (   )
132. 獲 - (   )

※音은 같으나 뜻이 다른 漢字語를 쓰시오.

133. 孤島 : (   ) 높이.
134. 優秀 : (   ) 오른 손.
135. 詳述 : (   ) 장사하는 솜씨.
136. 眠食 : (   ) 서로 낯이 익음.
137. 夏季 : (   ) 높은 곳에서 낮은 곳을 일컫는 말.

※다음 漢字語의 뜻을 쓰시오.

138. 佳配 : (   )
139. 受諾 : (   )
140. 元旦 : (   )
141. 歎聲 : (   )
142. 坐視 : (   )

※다음 漢字의 部首를 쓰시오.

143. 專 (   ) 144. 左 (   ) 145. 凶 (   )
146. 戒 (   ) 147. 直 (   )

※다음 漢字의 略字를 쓰시오.

148. 缺 (   ) 149. 區 (   ) 150. 興 (   )

第18回 한자능력검정시험 3급 II

(시험시간 : 60분)

※밑줄 친 漢字語 또는 제시된 漢字語의 讀音을 쓰시오.

1. 울분 때문에 痛哭을 한다. ( )
2. 방송국에서 錄畫 방송이 있다. ( )
3. 제편으로 만들려고 懷柔하고 있다. ( )
4. 학교앞에는 銅像이 서 있다. ( )
5. 표백하기 위해 鹽素를 쓴다. ( )
6. 형편이 어려워서 窮塞한 생활을 한다. ( )
7. 햇볕에 寢具를 말리자. ( )
8. 화창한 날 속에 遊戲를 즐겼다. ( )
9. 망나니짓을 하면 賤待 받는다. ( )
10. 돈이 若干 모자란다. ( )
11. 기억이 稀微 해 온다. ( )
12. 서류마감 직전에 緊迫감이 넘치다. ( )
13. 세금을 滯納하면 안된다. ( )
14. 주인공이 潛跡하여 소동이 났다. ( )
15. 懇請을 해 봐도 소용이 없다. ( )
16. 잘못된 것을 踏襲하면 안 된다. ( )
17. 경기침체에 浮揚책을 써야한다. ( )
18. 壓縮하면 더 단단해진다. ( )
19. 突起가 있어서 울퉁불퉁하다. ( )
20. 효소는 觸媒 역할을 한다. ( )
21. 削除( ) 22. 透徹( )
23. 歡喜( ) 24. 獎勵( )
25. 追憶( ) 26. 隆崇( )
27. 顯著( ) 28. 硬貨( )
29. 淺薄( ) 30. 脈絡( )
31. 鐵拳( ) 32. 靈魂( )
33. 肥滿( ) 34. 稱頌( )
35. 靜肅( ) 36. 憂慮( )
37. 莫逆( ) 38. 康寧( )

※다음 漢字의 訓과 音을 쓰시오.

39. 排( ) 40. 慣( )
41. 豪( ) 42. 謂( )
43. 執( ) 44. 輸( )
45. 費( ) 46. 樓( )
47. 蹟( ) 48. 畜( )
49. 悟( ) 50. 礎( )
51. 訪( ) 52. 誇( )
53. 模( ) 54. 掃( )
55. 賴( ) 56. 忽( )
57. 越( ) 58. 趣( )
59. 逸( ) 60. 隨( )
61. 裏( ) 62. 隔( )
63. 付( ) 64. 奪( )
65. 猶( )

※첫소리가 長音인 것을 고르시오.

66. ( ) : ①朱紅 ②豫防 ③牧草 ④協奏
67. ( ) : ①投宿 ②育英 ③交際 ④座席
68. ( ) : ①最終 ②惜別 ③障害 ④遺業
69. ( ) : ①段階 ②精選 ③類推 ④公判
70. ( ) : ①雲集 ②批評 ③表決 ④休廷

※다음 漢字의 反對字를 써 넣어 漢字語를 만드시오.

71. 미묘한 ( )憎 속에 갈등하다.
72. 장사는 損( )을 따져봐야 한다.
73. 자연에는 ( )陽의 이치가 있다.
74. 腹( )는 앞뒤와 같다.
75. 테니스에는 ( )複 게임이 있다.

※다음 漢字語의 反對語를 漢字로 쓰시오.

76. 拒否-( ) 77. 紛爭-( )
78. 好轉-( ) 79. 近海-( )
80. 權利-( )

※ 다음 글을 漢字 또는 漢字語로 쓰시오.

○ 우리나라 ㉠傳統 공연예술가가 상상과 능력(81)이 최高潮(82)에 이르러 창작한 예술적 과정(83)과 결실(84)을 통틀어 종합 예술(85)이라 부른다. 그 종목으로는 판소리, 민속(86)과 무용(87), 그리고 樂器(88)를 조합한 演奏(89) 등 그 내용과 형식이 대단히 多樣(90)하다. 그 중, 명인의 경지에까지 오른 것을 궁정음악(91)과 민속악(92)으로 나누고, 『雅樂』에서는 ㉡ 궁중(93) 演戱(94)를 ㉢ 풍류(95)라고 한다. 종종 閑良(96)들은 기생들의 소리와 위 두 가지 등을 合(97)하여 즐긴다. 그 중 오늘날 꼽혀지는 소리(98)와 몸 놀림(99)을 합친 무대예술의 하나인 『경극』의 『상해아크로바틱쇼』도 종합예술(100)로 이르며 경지(101)에 올랐다고 인정(102)한다. 무형문화(103)로 각광(104)을 받으며 世襲(105)을 이어가는 家系(106)로 이어지는 이름 진인(107)들이 지정(108)을 받아 왔다. 그중 王室(109)에서 공연되어 온 경우(110)에는 엄중히 資格(111)이 있는 者(112)만이 신청(113), 인정(114)이 난 대우 자격이 높은 실력자들로부터 지도(115)까지 이어져 왔다. (조선일보, 2007. 4. 17.)
○ 여러 무형문화재의 계승자를 지정하여 그 예능을 전수하게 하고 있는 까닭은 전통예술의 ㉣기능(116)이 잘 전수되도록 하기 위함이다. (117)하다.

81. 상상 ( )
82. 高潮 ( )
83. 과정 ( )
84. 결실 ( )
85. 종합 ( )
86. 민속 ( )
87. 무용 ( )
88. 樂器 ( )
89. 연주 ( )
90. 다양 ( )
91. 궁정 ( )
92. 민속 ( )
93. 궁중 ( )
94. 演戱 ( )
95. 풍류 ( )
96. 閑良 ( )
97. 합 ( )
98. 소리 ( )
99. 몸짓 ( )
100. 종합 ( )
101. 경지 ( )
102. 인정 ( )
103. 무형 ( )
104. 각광 ( )
105. 世襲 ( )
106. 家系 ( )
107. 진인 ( )
108. 지정 ( )
109. 왕실 ( )
110. 경우 ( )
111. 자격 ( )
112. 자 ( )
113. 신청 ( )
114. 인정 ( )
115. 지도 ( )
116. 기능 ( )
117. 필요 ( )

※ 다음 訓音에 알맞은 漢字를 등의 故事成語를 완성하시오.

118. 縱橫 ( )
119. 羅 ( )
120. 拉 ( )
121. 咤 ( )
122. 王骨 ( )
123. 鳳 ( )
124. 落 ( )
125. 臨機應 ( )
126. 鷹 ( )
127. 哲 ( )

※ 다음 漢字語의 類義語를 써보시오.
(보기)
① 薦 ② 柞 ③ 歷 ④ 貫
⑤ 谷 ⑥ 罪 ⑦ 寶 ⑧ 謠

128. 瓊 - ( )
129. 貫 - ( )
130. 佛 - ( )
131. 歆 - ( )
132. 種 - ( )

※ 다음 뜻풀이에 맞는 漢字語를 쓰시오.

133. 紫: ( ) 순천이나 가문의 기업을 이어 제자로
134. 私慾: ( ) 개인의 욕심.
135. 聽覺: ( ) 어떤 사물을 받아들여 분별하기 쉬움.
136. 熱意: ( ) 열렬한 의지나 성의.
137. 樣相: ( ) 사정이나 형편에 있는 사람들.

※ 다음 漢字語의 讀音을 쓰시오.

138. 勳功: ( )
139. 薪水: ( )
140. 陰曹: ( )
141. 拜謁: ( )
142. 膝下: ( )

※ 다음 漢字의 部首를 쓰시오.

143. 死 ( ) 144. 尊 ( ) 145. 兆 ( )
146. 母 ( ) 147. 東 ( )

※ 다음 漢字의 略字를 쓰시오.

148. 懷 ( ) 149. 楊 ( ) 150. 鑄 ( )

第19回 한자능력검정시험 3급 II

(시험시간 : 60분)

※밑줄 친 漢字語 또는 제시된 漢字語의 讀音을 쓰시오.

1. 찾아온 손님을 薄待하면 안 된다. (　　)
2. 풍우에 비석이 磨滅되다. (　　)
3. 우리 伯父님은 돌아가셨다. (　　)
4. 쓸데없는 말을 蛇足이라 한다. (　　)
5. 집안의 紀綱을 바로잡자. (　　)
6. 자부심과 자만심은 雲泥의 차이가 있다. (　　)
7. 桂樹잎으로 월계관을 만든다. (　　)
8. 유원지 施設이 너무 좋다. (　　)
9. 아름다운 旋律에 반했다. (　　)
10. 糖分이 많은 것은 삼가자. (　　)
11. 맹목적으로 雷同하면 안 된다. (　　)
12. 길을 건널 땐 陸橋를 이용하자. (　　)
13. 운전면허증 更新기간이 도래했다. (　　)
14. 다시는 참혹한 戰爭은 없어야한다. (　　)
15. 절약을 위해 종이 裏面을 쓰다. (　　)
16. 두 집안은 系譜가 다르다. (　　)
17. 동일 인물로 錯覺했다. (　　)
18. 뺑소니차를 追跡하였다. (　　)
19. 오래전 석탄 鑛區가 발견되었다. (　　)
20. 快樂에 탐닉하면 파멸한다. (　　)
21. 側近(　　) 22. 石塔(　　)
23. 擇地(　　) 24. 卽死(　　)
25. 波紋(　　) 26. 連絡(　　)
27. 沙漠(　　) 28. 否認(　　)
29. 刺客(　　) 30. 管掌(　　)
31. 促迫(　　)

※다음 漢字의 訓과 音을 쓰시오.

32. 繼(　　) 33. 蓄(　　)
34. 都(　　) 35. 屈(　　)
36. 腸(　　) 37. 貢(　　)
38. 獎(　　) 39. 蓋(　　)
40. 季(　　) 41. 著(　　)
42. 勤(　　) 43. 遺(　　)
44. 其(　　) 45. 幽(　　)
46. 諾(　　) 47. 淡(　　)
48. 願(　　) 49. 等(　　)
50. 愼(　　) 51. 立(　　)
52. 息(　　) 53. 麗(　　)
54. 妨(　　) 55. 仰(　　)
56. 伐(　　) 57. 養(　　)
58. 申(　　)

※첫소리가 長音인 것을 고르시오.

59. (　　) : ①歌舞 ②燒火 ③任務 ④豆油
60. (　　) : ①可謂 ②喪家 ③寺院 ④具色
61. (　　) : ①價格 ②唐詩 ③素服 ④降伏
62. (　　) : ①街道 ②孫女 ③木馬 ④點數
63. (　　) : ①復興 ②消毒 ③症勢 ④倉庫

※다음 漢字의 反對字를 써 넣어 漢字語를 만드시오.

64. 攻-(　　) 65. (　　)-易
66. (　　)-負 67. 眞-(　　)
68. (　　)-愚

※다음 漢字語의 反對語를 漢字로 쓰시오.

69. 複雜-(　　) 70. 動機-(　　)
71. 現象-(　　) 72. 散在-(　　)
73. 增進-(　　)

※ 다음 漢字는 한글로, 한글은 漢字로 쓰시오.

○북한은 한반도(74)의 평화(75)를 보장(76)하기 위한 협의(77)에 참가(78)하였다.
○방학이 되자 해외(79)에 어학 연수(80)를 받기 위해 출국하는 학생들로 공항(81)은 붐비기 시작(82)하였다.
○삼성전자는 최근 최악(83)의 經營(84) 實績(85)을 기록(86)하였다.
○휴대 전화(87)는 정보(88) 통신(89) 산업의 看板(90) 상품으로 많은 이익(91)을 남겼다.
○割引(92)된 가격의 열차(93)가 운행(94)되어 아름다운 주변 環境(95)을 감상할 수 있는 좋은 기회를 제공했다.
○활어(96)를 冬眠(97)시키는 기술(98)이 개발(99)되어 장거리(100)에 輸送(101)・수출할 수 있는 劃期的(102)인 변화(103)를 기대할 수 있게 되었다.
○태풍의 간접(104) 影響(105)을 받는 지역에서는 돌풍(106)이 불 것으로 전망(107) 됩니다.
○肥滿(108)을 招來(109)하는 식품(110)에 세금(111)을 도입(112)하자는 主張(113)이 주목(114)을 받고 있다. 그러나 건강(115)을 통제(116)하려는 사람들의 需要(117)와 맞물려 있어 어찌 될는지는 미지수다.

74. 반도(　　　) 75. 평화(　　　)
76. 보장(　　　) 77. 협의(　　　)
78. 참가(　　　) 79. 해외(　　　)
80. 연수(　　　) 81. 공항(　　　)
82. 시작(　　　) 83. 최악(　　　)
84. 經營(　　　) 85. 實績(　　　)
86. 기록(　　　) 87. 전화(　　　)
88. 정보(　　　) 89. 통신(　　　)
90. 看板(　　　) 91. 이익(　　　)
92. 割引(　　　) 93. 열차(　　　)
94. 운행(　　　) 95. 環境(　　　)
96. 활어(　　　) 97. 冬眠(　　　)
98. 기술(　　　) 99. 개발(　　　)
100. 距離(　　　) 101. 輸送(　　　)
102. 劃期的(　　　) 103. 변화(　　　)
104. 간접(　　　) 105. 影響(　　　)
106. 突風(　　　) 107. 전망(　　　)
108. 肥滿(　　　) 109. 招來(　　　)
110. 식품(　　　) 111. 세금(　　　)
112. 도입(　　　) 113. 主張(　　　)
114. 주목(　　　) 115. 건강(　　　)
116. 통제(　　　) 117. 需要(　　　)

※ (　)안에 알맞은 漢字를 넣어 故事成語를 완성하시오.

118. 干(　　　)之材 119. (　　　)手敬禮
120. (　　　)猶不及 121. (　　　)出鬼沒
122. 日久月(　　　) 123. 友(　　　)條約
124. 仁者無(　　　) 125. (　　　)子佳人
126. 千紫(　　　)紅 127. 忠言(　　　)耳

※ 다음 漢字의 部首를 쓰시오.

128. 態(　　　) 129. 玄(　　　) 130. 兆(　　　)
131. 或(　　　) 132. 珍(　　　)

※ 다음 漢字의 類義字를 찾아 그 번호를 쓰시오.

①懇 ②監 ③植 ④貫 ⑤裁 ⑥供 ⑦量

133. 給-(　　　) 134. 切-(　　　)
135. 商-(　　　) 136. 觀-(　　　)
137. 栽-(　　　)

※ 音은 같으나 뜻이 다른 漢字語를 쓰시오.

138. 刻刀:(　　　) 각의 크기.
139. 西方:(　　　) 남편.
140. 專門:(　　　) 전하여 들음.
141. 重九:(　　　) 여러 사람의 입.
142. 船名:(　　　) 산뜻하고 밝음.

※ 다음 漢字語의 뜻을 쓰시오.

143. 姑婦:(　　　)
144. 便覽:(　　　)
145. 買收:(　　　)
146. 後尾:(　　　)
147. 祕訣:(　　　)

※ 다음 漢字의 略字를 쓰시오.

148. 佛(　　　) 149. 黨(　　　) 150. 擔(　　　)

第20回 한자능력검정시험 3급 II

(시험시간 : 60분)

※밑줄 친 漢字語 또는 제시된 漢字語의 讀音을 쓰시오.

1. 대세에 <u>便乘</u>하여 이익을 챙겼다. (　　)
2. <u>憤怒</u>하는 마음은 병들게 한다. (　　)
3. 회사 영업부진으로 월급이 <u>削減</u>되다. (　　)
4. 민족의식 <u>鼓吹</u>에 힘쓰다. (　　)
5. 회원간에 <u>親睦</u>을 다하다. (　　)
6. 늙으신 부모님을 <u>扶養</u>하다. (　　)
7. <u>誤審</u> 판정을 인정해야 한다. (　　)
8. 비가 <u>漸次</u> 그치고 있다. (　　)
9. <u>續編</u>이 곧 발간될 예정이다. (　　)
10. 학문이나 실력을 <u>鍊磨</u> 해야 한다. (　　)
11. 고래의 <u>捕獲</u>을 금지하다. (　　)
12. 이사장이 <u>專橫</u>하여 물의를 빚다. (　　)
13. <u>悲鳴</u>에 놀라 잠을 깼다. (　　)
14. 자선단체에 <u>寄附</u>하다. (　　)
15. <u>謀陷</u>을 받아서 좌절하다. (　　)
16. <u>遊戱</u>를 즐겨 한껏 흥에 취하다. (　　)
17. <u>鑄錢</u>을 만드는 기술을 전수하다. (　　)
18. 나의 <u>價値</u>를 알아주면 좋겠다. (　　)
19. 우승컵을 두고 <u>爭奪</u>이 벌어졌다. (　　)
20. 눈병이 나서 <u>眼帶</u>를 하다. (　　)
21. 殘雪(　　) 22. 致賀(　　)
23. 喜悅(　　) 24. 繁盛(　　)
25. 帳簿(　　) 26. 踏襲(　　)
27. 緊迫(　　) 28. 瞬間(　　)
29. 忍耐(　　) 30. 輕微(　　)
31. 伐採(　　) 32. 汗蒸(　　)
33. 依賴(　　) 34. 宴席(　　)
35. 貧困(　　) 36. 堅剛(　　)
37. 望樓(　　) 38. 移轉(　　)

39. 透徹(　　) 40. 疲弊(　　)
41. 丹楓(　　) 42. 奇拔(　　)
43. 染料(　　) 44. 畜舍(　　)
45. 燒盡(　　)

※다음 漢字의 訓과 音을 쓰시오.

46. 懸(　　) 47. 縱(　　)
48. 偶(　　) 49. 硬(　　)
50. 泥(　　) 51. 斜(　　)
52. 隆(　　) 53. 賦(　　)
54. 被(　　) 55. 殆(　　)
56. 恥(　　) 57. 懷(　　)
58. 宣(　　) 59. 幹(　　)
60. 漏(　　) 61. 巡(　　)
62. 廷(　　) 63. 歎(　　)
64. 拓(　　) 65. 勵(　　)
66. 端(　　) 67. 銘(　　)
68. 飯(　　) 69. 掃(　　)
70. 讓(　　) 71. 踐(　　)
72. 跡(　　)

※다음 첫소리가 長音인 것을 고르시오.

73. (　　) : ①頌辭 ②遺産 ③均等 ④模寫
74. (　　) : ①除隊 ②得票 ③僧舞 ④施設
75. (　　) : ①滯納 ②姿態 ③浮揚 ④垂直
76. (　　) : ①刻骨 ②城壁 ③縮圖 ④履修
77. (　　) : ①婚談 ②容積 ③廢鑛 ④絶景

※다음 漢字의 反對字를 써 넣어 漢字語를 만드시오.

78. 吉-(　　) 79. (　　)-陽
80. 疏-(　　) 81. 賞-(　　)
82. (　　)-免

※다음 밑줄 친 漢字語를 漢字 正字로 쓰시오.

○우리는 근세(83) 이전까지 일본에 문화를 전수해 줬다는 문화 발신(84)자의 자부심이 있다.
○우리 교육(85)은 지금 중대(86)한 전환점을 맞고 있다. 종래의 교육체계는 기하급수적으로 불어나는 수요에 대응하기 위해 임기응변(87)식의 수용에 치중했고 교육방식(88) 역시 타율(89)과 획일주의속에서 주입(90)식 위주(91)로 편중됐었다.
○우리의 2세들에게는 국제화 정보(92)화 시대(93)에서 요구(94)하는 다양성 전문성 자율성을 심어주어야 한다.
○논리(95)적이고 체계적인 전개(96)가 일관되어야 논술의 명확(97)성이 확보된다.
○직원(98) 공채에는 학력(99) 제한(100)과 필기(101) 고사(102)없이 인성(103)과 면접(104)시험으로 대신하는 혁신이 이루어져 한국사회가 선진(105)화를 위한 개혁의 회오리를 일으키고 있다.
○우리 조상들은 한자를 거의 완전하게 한가지 음으로 통일(106)시켰다. 일부 재야(107)학계에서는 한자를 우리 민족(108)이 만든 것이 아닌가 하는 가설(109)을 내세울 정도이다.
○시와 음악 미술 공연(110) 등 예술(111)에서 세상을 다르게 볼 수 있는 창의(112)력이 나온다.

83. 근세 ( )	84. 발신 ( )
85. 교육 ( )	86. 중대 ( )
87. 응변 ( )	88. 방식 ( )
89. 타율 ( )	90. 주입 ( )
91. 위주 ( )	92. 정보 ( )
93. 시대 ( )	94. 요구 ( )
95. 논리 ( )	96. 전개 ( )
97. 명확 ( )	98. 직원 ( )
99. 학력 ( )	100. 제한 ( )
101. 필기 ( )	102. 고사 ( )
103. 인성 ( )	104. 면접 ( )
105. 선진 ( )	106. 통일 ( )
107. 재야 ( )	108. 민족 ( )
109. 가설 ( )	110. 공연 ( )
111. 예술 ( )	112. 창의 ( )

※다음 漢字語의 反對語를 漢字로 쓰시오.

113. 許可-( )　114. 虛僞-( )
115. 怨恨-( )　116. 結果-( )
117. 拒否-( )

※( )안에 알맞은 漢字를 넣어 故事成語를 완성하시오.

118. 壽福( )寧　119. 有( )無患
120. ( )口難防　121. 高臺( )室
122. 藥房甘( )　123. 錦( )夜行
124. ( )舊迎新　125. 東奔西( )
126. ( )母良妻　127. 離合( )散

※다음 漢字의 部首를 쓰시오.

128. 喪( )　129. 京( )　130. 坐( )
131. 甚( )　132. 壬( )

※다음 漢字의 類義字를 찾아 그 번호를 쓰시오.

①索　②突　③博　④累　⑤孟　⑥沿　⑦譽

133. 忽-( )　134. 伯-( )
135. 漠-( )　136. 讚-( )
137. 訪-( )

※音은 같으나 뜻이 다른 漢字語를 쓰시오.

138. 電氣:( ) 어떤 기간을 몇 개로 나눈 첫 기간
139. 政黨:( ) 이치에 맞고 마땅함
140. 構造:( ) 위험에 처한 사람을 구함
141. 紫煙:( ) 저절로 일어나거나 이루어진 것
142. 鄕愁:( ) 향료를 알코올 따위에 풀어서 만든 화장품

※다음 漢字語의 뜻을 쓰시오.

143. 表裏:( )
144. 橋梁:( )
145. 渡江:( )
146. 熟眠:( )
147. 越境:( )

※다음 漢字의 略字를 쓰시오.

148. 條( )　149. 圍( )　150. 釋( )

성명 [   ]

반대자테스트	(利)-( )	( )-靜	(變)-( )	徒 -( )
(加)-( )	(因)-( )	( )-衰	(報)-( )	茂 -( )
(甘)-( )	(自)-( )	( )-迎	(保)-( )	扶 -( )
(輕)-( )	(將)-( )	( )-負	(副)-( )	奔 -( )
(京)-( )	(正)-( )	( )-淺	(費)-( )	辭 -( )
(苦)-( )	(祖)-( )	( )-危	(舍)-( )	崇 -( )
(高)-( )	(眞)-( )	( )-憎	(想)-( )	憂 -( )
(曲)-( )	(進)-( )	( )-免	(生)-( )	慈 -( )
(骨)-( )	(集)-( )	( )-幼	(選)-( )	姿 -( )
(功)-( )	(寒)-( )	( )-晚	(樹)-( )	淨 -( )
(官)-( )	(虛)-( )	( )-卑	(施)-( )	征 -( )
(敎)-( )	(好)-( )	( )-從	(始)-( )	租 -( )
(吉)-( )	(呼)-( )	( )-寡	(試)-( )	存 -( )
(勞)-( )	(興)-( )	( )-沒	(眼)-( )	憎 -( )
(斷)-( )	姑 -( )	( )-疏	(旅)-( )	疾 -( )
(得)-( )	攻 -( )	( )-裏	(年)-( )	秩 -( )
(明)-( )	君 -( )	( )-愚	(練)-( )	聽 -( )
(物)-( )	旦 -( )	유의자테스트	(溫)-( )	探 -( )
(發)-( )	損 -( )	(街)-( )	(音)-( )	討 -( )
(本)-( )	需 -( )	(歌)-( )	(意)-( )	( )-損
(貧)-( )	哀 -( )	(家)-( )	(認)-( )	( )-寧
(師)-( )	緩 -( )	(監)-( )	(貯)-( )	( )-覽
(賞)-( )	存 -( )	(居)-( )	(停)-( )	( )-髮
(善)-( )	贊 -( )	(經)-( )	(製)-( )	( )-哀
(授)-( )	禍 -( )	(空)-( )	(終)-( )	( )-慮
(收)-( )	喜 -( )	(過)-( )	(增)-( )	( )-繼
(順)-( )	( )-否	(果)-( )	(處)-( )	( )-寧
(是)-( )	( )-閉	(具)-( )	(寒)-( )	( )-絡
(始)-( )	( )-私	(技)-( )	(幸)-( )	( )-磨
(新)-( )	( )-賤	(擔)-( )	(協)-( )	( )-慮
(往)-( )	( )-伏	(談)-( )	(希)-( )	( )-久
(陸)-( )	( )-易	(末)-( )	堅 -( )	( )-鬪
(陰)-( )	( )-複	(門)-( )	群 -( )	( )-祀
				( )-就

3Ⅱ 반대자, 유의자테스트 (정답 p69)

3Ⅱ 반대어테스트 (정답 p69)

반대어테스트	浪費 - ( )	危險 - ( )
可決 - ( )	立體 - ( )	異端 - ( )
架空 - ( )	物質 - ( )	人爲 - ( )
加害 - ( )	民卑 - ( )	積極 - ( )
減少 - ( )	密集 - ( )	敵對 - ( )
感情 - ( )	保守 - ( )	專用 - ( )
個別 - ( )	複雜 - ( )	前進 - ( )
拒否 - ( )	分散 - ( )	絶對 - ( )
輕減 - ( )	紛爭 - ( )	正午 - ( )
輕視 - ( )	貧賤 - ( )	增進 - ( )
苦痛 - ( )	死藏 - ( )	進步 - ( )
空想 - ( )	生前 - ( )	質疑 - ( )
過去 - ( )	消費 - ( )	差別 - ( )
求心 - ( )	疏遠 - ( )	稱讚 - ( )
口語 - ( )	損失 - ( )	脫退 - ( )
君子 - ( )	損害 - ( )	破壞 - ( )
權利 - ( )	收入 - ( )	敗北 - ( )
近攻 - ( )	順行 - ( )	閉鎖 - ( )
內容 - ( )	失敗 - ( )	豊年 - ( )
單獨 - ( )	暗黑 - ( )	寒冷 - ( )
對話 - ( )	靈魂 - ( )	幸運 - ( )
動機 - ( )	原因 - ( )	虛僞 - ( )
登山 - ( )	怨恨 - ( )	好材 - ( )

약자테스트	圖 – ( )	數 – ( )	總 – ( )	竜 – ( )
假 – ( )	獨 – ( )	實 – ( )	蟲 – ( )	辞 – ( )
價 – ( )	讀 – ( )	惡 – ( )	齒 – ( )	属 – ( )
監 – ( )	同 – ( )	壓 – ( )	學 – ( )	粛 – ( )
擧 – ( )	燈 – ( )	藥 – ( )	解 – ( )	様 – ( )
檢 – ( )	樂 – ( )	榮 – ( )	虛 – ( )	与 – ( )
缺 – ( )	來 – ( )	藝 – ( )	驗 – ( )	営 – ( )
經 – ( )	兩 – ( )	圓 – ( )	賢 – ( )	予 – ( )
輕 – ( )	禮 – ( )	應 – ( )	號 – ( )	囲 – ( )
觀 – ( )	勞 – ( )	醫 – ( )	畫 – ( )	残 – ( )
關 – ( )	滿 – ( )	將 – ( )	會 – ( )	雑 – ( )
廣 – ( )	萬 – ( )	爭 – ( )	興 – ( )	銭 – ( )
區 – ( )	發 – ( )	傳 – ( )	훈음테스트	転 – ( )
舊 – ( )	變 – ( )	戰 – ( )	覚 – ( )	点 – ( )
國 – ( )	邊 – ( )	定 – ( )	拠 – ( )	从 – ( )
權 – ( )	寶 – ( )	濟 – ( )	杰 – ( )	証 – ( )
氣 – ( )	佛 – ( )	卒 – ( )	倹 – ( )	尽 – ( )
團 – ( )	寫 – ( )	晝 – ( )	継 – ( )	称 – ( )
斷 – ( )	師 – ( )	質 – ( )	雞 – ( )	庁 – ( )
擔 – ( )	狀 – ( )	參 – ( )	鉱 – ( )	弾 – ( )
當 – ( )	聲 – ( )	處 – ( )	勧 – ( )	択 – ( )
黨 – ( )	世 – ( )	鐵 – ( )	帰 – ( )	険 – ( )
對 – ( )	續 – ( )	體 – ( )	乱 – ( )	顕 – ( )

고사성어테스트

佳人薄( )	金枝( )葉	三尺( )子	一片丹( )
刻骨銘( )	亂( )賊子	生者( )滅	立身揚( )
刻舟( )劍	內憂外( )	先見之( )	頂( )一針
( )之德之	( )柔外剛	雪上( )霜	( )脫不及
蓋( )之才	弄瓦之( )	手( )釋卷	存( )之秋
隔世之( )	同族( )殘	愼終( )始	縱橫( )盡
堅忍( )拔	( )高自卑	( )出鬼沒	坐不安( )
犬兔之( )	莫( )之友	( )山幽谷	( )衝右突
兼人之( )	孟母( )機	梁上君( )	( )離滅裂
孤掌( )鳴	孟( )三遷	( )兆蒼生	天高( )肥
骨( )相殘	命( )頃刻	嚴妻侍( )	( )壤之差
( )中樓閣	目不忍( )	吳越( )舟	( )載一遇
冠婚喪( )	( )陵桃源	烏( )之卒	醉生夢( )
九( )肝腸	尾生之( )	龍( )蛇尾	( )刀亂麻
群鷄( )鶴	拔( )塞源	龍( )鳳湯	抱腹( )倒
君臣有( )	百( )無策	愚公( )山	( )裏不同
群( )割據	伯仲之( )	( )芳百世	風( )之歎
君( )臣綱	不恥下( )	悠悠( )適	彼此( )般
君子三( )	( )禮勿視	隱忍自( )	何待( )月
窮( )之策	沙( )樓閣	人( )獸心	下( )上臺
金蘭之( )	( )紫水明	一( )貫之	恒茶飯( )
金石之( )	三旬九( )	一日之( )	浩( )之氣
錦衣( )行	三人( )虎	一( )春夢	紅爐點( )
	三從之( )	一觸卽( )	厚顔( )恥

기출예상문제[가]　漢字能力檢定試驗　3級Ⅱ 問題紙

(社)韓國語文會・韓國漢字能力檢定會　　(시험시간 : 60분)　　수험생에 의하여 재편집되었습니다.

※ 다음 漢字語의 讀音을 쓰시오.

1. 漸次(　　)　2. 到達(　　)
3. 早晚(　　)　4. 談笑(　　)
5. 帳簿(　　)　6. 童顔(　　)
7. 監督(　　)　8. 惡鬼(　　)
9. 騎兵(　　)　10. 布木(　　)
11. 空欄(　　)　12. 必死(　　)
13. 遊覽(　　)　14. 新郞(　　)
15. 列位(　　)　16. 財貨(　　)
17. 陽曆(　　)　18. 歡迎(　　)
19. 愚弄(　　)　20. 比率(　　)
21. 銀幕(　　)　22. 沙漠(　　)
23. 妄想(　　)　24. 辯護(　　)
25. 虛弱(　　)　26. 悠久(　　)
27. 可決(　　)　28. 都邑(　　)
29. 歸家(　　)　30. 獎勵(　　)
31. 雙眼(　　)　32. 頭角(　　)
33. 街路(　　)　34. 益鳥(　　)
35. 勇敢(　　)　36. 幹線(　　)
37. 緩急(　　)　38. 慶祝(　　)
39. 抑壓(　　)　40. 巨商(　　)
41. 寧日(　　)　42. 怒號(　　)
43. 經營(　　)　44. 仰望(　　)
45. 但書(　　)

※ 다음 漢字의 訓과 音을 쓰시오.

46. 羅(　　)　47. 桃(　　)
48. 等(　　)　49. 突(　　)
50. 糖(　　)　51. 凍(　　)
52. 渡(　　)　53. 鑑(　　)
54. 莊(　　)　55. 項(　　)
56. 拒(　　)　57. 契(　　)
58. 蒼(　　)　59. 寡(　　)
60. 策(　　)　61. 勤(　　)
62. 趣(　　)　63. 寄(　　)
64. 樓(　　)　65. 納(　　)
66. 綠(　　)　67. 泥(　　)
68. 歷(　　)　69. 端(　　)
70. 旅(　　)　71. 朗(　　)
72. 隊(　　)

※ 첫소리가 장음인 것을 고르시오.

73. (　　) : ①屋舍 ②厚待 ③言及 ④着手
74. (　　) : ①彼此 ②敵意 ③確固 ④凶計
75. (　　) : ①羽毛 ②削髮 ③片貌 ④休暇
76. (　　) : ①雄飛 ②吸收 ③借用 ④山脈
77. (　　) : ①切斷 ②腹案 ③博愛 ④貿易

※ 反對・相對되는 漢字로 單語를 完成하시오.

78. (　　) - 減　79. 往 - (　　)
80. (　　) - 暖　81. 出 - (　　)
82. (　　) - 終

※ 다음 漢字語의 反對語를 漢字로 쓰시오.

83. 權利 - (　　)　84. 靈魂 - (　　)
85. 苦痛 - (　　)　86. 感情 - (　　)
87. 破壞 - (　　)

※ 다음 한자의 예에서 뜻과 비슷한 한자를 골라 그 번호를 써 넣으시오.

①境　②奔　③尊　④狀　⑤庫
⑥住　⑦宅　⑧康　⑨廷　⑩潤

88. 貴(　　)　89. 界(　　)　90. 安(　　)
91. 倉(　　)　92. 居(　　)

※다음 밑줄 친 漢字語를 漢字로 쓰시오.

▷학생(93)들의 관심(94)사는 어떻게 하면 학업에 집중(95)하여 최대(96)의 효과(97)를 얻는가이다.
▷그 광고(98)는 현대인(99)에게 당신(100)은 과연 누구인가를 묻고 있다.
▷방과후(101) 수업(102)은 특별하게 실시(103)되었다.
▷소유(104)하고 있는 물질(105)을 위주(106)로 셈하는 것은 행복의 질을 제시(107)하는 좋은 방법(108)이 아니다.
▷강사(109)는 연구(110)한 내용(111)을 매주(112) 전원(113)에게 발표(114)시켜, 공동(115)으로 협의(116)하고 배경(117) 지식(118)을 설명(119)하는 식으로 수업의 통합(120)을 강조(121)하며 진행(122)하였다.

93. 학생 (　　　)　　94. 관심 (　　　)
95. 집중 (　　　)　　96. 최대 (　　　)
97. 효과 (　　　)　　98. 광고 (　　　)
99. 현대인 (　　　)　　100. 당신 (　　　)
101. 방과후 (　　　)　　102. 수업 (　　　)
103. 실시 (　　　)　　104. 소유 (　　　)
105. 물질 (　　　)　　106. 위주 (　　　)
107. 제시 (　　　)　　108. 방법 (　　　)
109. 강사 (　　　)　　110. 연구 (　　　)
111. 내용 (　　　)　　112. 매주 (　　　)
113. 전원 (　　　)　　114. 발표 (　　　)
115. 공동 (　　　)　　116. 협의 (　　　)
117. 배경 (　　　)　　118. 지식 (　　　)
119. 설명 (　　　)　　120. 통합 (　　　)
121. 강조 (　　　)　　122. 진행 (　　　)

※다음 故事成語를 完成하시오.

123. 甲(　　)乙女　　124. 驚天(　　)地
125. 夫(　　)婦隨　　126. 落花(　　)水
127. 犬(　　)之勞　　128. 孤掌(　　)鳴
129. 百(　　)老將　　130. 三旬九(　　)
131. 萬(　　)不變　　132. 近朱者(　　)

※音은 같으나 뜻이 다른 漢字語를 쓰시오.

133. 五氣 : (　　　　) 잘못 적음.
134. 壽酒 : (　　　　) 주문을 받음.
135. 善否 : (　　　　) 돌아가신 아버지.
136. 碑銘 : (　　　　) 뜻밖의 재난으로 죽음.
137. 介然 : (　　　　) 연극, 연설등을 시작함.

※다음 한자어의 뜻을 쓰시오.

138. 默殺 : (　　　　　　　　　)
139. 禽獸 : (　　　　　　　　　)
140. 橋梁 : (　　　　　　　　　)
141. 奪還 : (　　　　　　　　　)
142. 漏刻 : (　　　　　　　　　)

※다음 漢字의 部首를 쓰시오.

143. 脚(　　)　144. 多(　　)　145. 度(　　)
146. 奉(　　)　147. 少(　　)

※다음 漢字의 略字를 쓰시오.

148. 假(　　)　149. 黨(　　)　150. 聲(　　)

檢討하고 提出하십시오. 105點 以上 合格

[　　　　點　]

※ 다음 漢字語의 讀音을 쓰시오.

1. 滿足 (   )   2. 借入 (   )
3. 得票 (   )   4. 鄕愁 (   )
5. 武藝 (   )   6. 旅費 (   )
7. 總帥 (   )   8. 妹兄 (   )
9. 終映 (   )   10. 筆跡 (   )
11. 恨歎 (   ) 12. 吉凶 (   )
13. 擔任 (   ) 14. 勤勉 (   )
15. 假飾 (   ) 16. 慕情 (   )
17. 復活 (   ) 18. 建設 (   )
19. 影響 (   ) 20. 如此 (   )
21. 晩種 (   ) 22. 老松 (   )
23. 週期 (   ) 24. 急增 (   )
25. 卑俗 (   ) 26. 觀照 (   )
27. 移住 (   ) 28. 沈默 (   )
29. 呼吸 (   ) 30. 逆境 (   )
31. 切除 (   ) 32. 脫皮 (   )
33. 稅關 (   ) 34. 壽宴 (   )
35. 冬季 (   ) 36. 推測 (   )

※ 다음 漢字의 訓과 音을 쓰시오.

37. 督 (   )   38. 悟 (   )
39. 飮 (   )   40. 副 (   )
41. 覺 (   )   42. 拜 (   )
43. 紛 (   )   44. 投 (   )
45. 卓 (   )   46. 庭 (   )
47. 優 (   )   48. 秩 (   )
49. 快 (   )   50. 眞 (   )
51. 愼 (   )   52. 懇 (   )
53. 益 (   )   54. 孤 (   )
55. 課 (   )   56. 寧 (   )
57. 章 (   )   58. 幼 (   )
59. 領 (   )   60. 睦 (   )
61. 雲 (   )   62. 損 (   )
63. 演 (   )

※ 같은 뜻의 漢字를 보기에서 골라 그 번호를 쓰시오.

① 群   ② 戶   ③ 久   ④ 辯
⑤ 較   ⑥ 美   ⑦ 曲   ⑧ 唱

64. 舍 - (   )   65. 衆 - (   )
66. 談 - (   )   67. 比 - (   )
68. 佳 - (   )

※ 反對·相對되는 漢字로 單語를 完成하시오.

69. (   ) - 憎   70. 勝 - (   )
71. (   ) - 秋   72. 善 - (   )
73. (   ) - 沒

※ 다음 한자어의 反對語·相對語를 漢字로 쓰시오.

74. 內容 - (   )   75. 複雜 - (   )
76. 物質 - (   )   77. 危險 - (   )
78. 君子 - (   )

※ 다음 故事成語를 完成하시오.

79. 我(   )引水   80. 轉禍爲(   )
81. 不(   )其數   82. 立身揚(   )
83. 束(   )無策   84. 說往說(   )
85. 二(   )背反   86. 至誠(   )天
87. 興(   )盛衰   88. 張三(   )四

※ 다음 漢字의 部首를 쓰시오.

89. 承 (   )   90. 康 (   )   91. 戚 (   )
92. 村 (   )   93. 右 (   )

※다음 글에서 밑줄 친 한글은 漢字로,
漢字는 한글로 바꿔 쓰시오.

㈎ 휴머니즘은 <u>多樣(94)</u>한 문화에 접촉하여 <u>풍부(95)</u>한 <u>개성(96)</u>을 길러 내는 것을 <u>目標(97)</u>로 삼고, 종교는 <u>통일(98)</u>적 원리에 의하여 개성을 훈련하고 <u>집중(99)</u>하는 것을 目標로 삼는다. 교양은 잡다한 <u>요소(100)</u>가 들어가서 상호 조정함으로 말미암아 <u>도달(101)</u>되는 한 <u>조화(102)</u>적 <u>狀態(103)</u>니, 그것은 외부사회에 대하여선 <u>고원(104)</u>한 <u>식견(105)</u>과 적정한 판단을 가지게 된다.

㈏ <u>교수(106)</u> 신문이 <u>최근(107)</u> 교수를 대상으로 설문조사를 <u>실시(108)</u> 해 <u>발표(109)</u> 한 <u>결과(110)</u>에 따르면 2005년 한국의 <u>정치(111)</u> <u>경제(112)</u>·사회에 <u>適合(113)</u>한 사자성어로 "위에는 불 아래는 못", "서로 등을 돌렸다."라는 뜻의 <u>上火下澤(114)</u>을 선정했다. 이 사자성어는 서로 이반하고 <u>分裂(115)</u>하는 현상을 뜻하는 말로 끊임없는 정쟁, 행정복합 <u>도시(116)</u>를 둘러싼 비<u>생산(117)</u>적인 <u>논쟁(118)</u>, 지역 및 <u>이념(119)</u> 갈등 등 우리 사회의 소모적인 分裂과 갈등 양상을 반영한 것으로 풀이된다.
교수들은 이 와중에 사회 <u>양극(120)</u>화는 더욱 <u>深刻(121)</u>해져 <u>농민(122)</u>들의 삶은 더욱 피폐해지고 비 <u>정규(123)</u>직 <u>노동자(124)</u>는 더욱 확산됐다고 <u>指摘(125)</u> 했다.(생략) 상대방의 작은 허물을 찾아내 <u>비난(126)</u>한다는 <u>의미(127)</u>의 "吹毛覓疵"취모멱자도 <u>순위(128)</u>에 들었다.
가장 안타까운 일로는 <u>단연(129)</u> '황우석 교수'와 'PD수첩 사태'를 꼽았고 이어 사회적 <u>貧困(130)</u> 심화, 대책 없는 쌀 <u>개방(131)</u>과 연이은 <u>자살(132)</u> 순이었다.

[서울=연합뉴스 2005. 12. 20]

94. 多樣 (　　　) 95. 풍부 (　　　)
96. 개성 (　　　) 97. 目標 (　　　)
98. 통일 (　　　) 99. 집중 (　　　)
100. 요소 (　　　) 101. 도달 (　　　)
102. 조화 (　　　) 103. 狀態 (　　　)
104. 고원 (　　　) 105. 식견 (　　　)
106. 교수 (　　　) 107. 최근 (　　　)
108. 실시 (　　　) 109. 발표 (　　　)
110. 결과 (　　　) 111. 정치 (　　　)
112. 경제 (　　　) 113. 適合 (　　　)
114. 上火下澤 (　　　) 115. 分裂 (　　　)
116. 도시 (　　　) 117. 생산 (　　　)
118. 논쟁 (　　　) 119. 이념 (　　　)
120. 양극 (　　　) 121. 深刻 (　　　)
122. 농민 (　　　) 123. 정규 (　　　)
124. 노동자 (　　　) 125. 指摘 (　　　)
126. 비난 (　　　) 127. 의미 (　　　)
128. 순위 (　　　) 129. 단연 (　　　)
130. 貧困 (　　　) 131. 개방 (　　　)
132. 자살 (　　　)

※音은 같으나 뜻이 다른 漢字語를 쓰시오.

133. 死傷 : (　　　) 생각.
134. 待機 : (　　　) 큰 그릇.
135. 在庫 : (　　　) 다시 생각함.
136. 同時 : (　　　) 어린이의 시.
137. 造船 : (　　　) 이성계가 세운 나라.

※첫소리가 장음인 것을 고르시오.

138. (　　　) : ①沙漠 ②敢行 ③裝置 ④耕作
139. (　　　) : ①溫泉 ②東窓 ③去就 ④協約
140. (　　　) : ①失業 ②縮尺 ③落差 ④悲哀
141. (　　　) : ①廣告 ②賢哲 ③官許 ④探訪
142. (　　　) : ①丹靑 ②香料 ③巨額 ④末伏

※다음 漢字語의 뜻을 쓰시오.

143. 貯蓄 : (　　　　　　　　　　)
144. 忍耐 : (　　　　　　　　　　)
145. 閑寂 : (　　　　　　　　　　)
146. 減少 : (　　　　　　　　　　)
147. 聖歌 : (　　　　　　　　　　)

※다음 漢字의 略字를 쓰시오.

148. 區 (　　　) 149. 禮 (　　　) 150. 應 (　　　)

漢字能力檢定試驗 3級Ⅱ 問題紙

※다음 漢字語의 讀音을 쓰시오.

1. 欄干(　　　)　2. 龍床(　　　)
3. 拔群(　　　)　4. 醉客(　　　)
5. 登錄(　　　)　6. 雅淡(　　　)
7. 茶房(　　　)　8. 依賴(　　　)
9. 持久(　　　)　10. 陵谷(　　　)
11. 占據(　　　)　12. 豪雨(　　　)
13. 勉學(　　　)　14. 憤怒(　　　)
15. 綱領(　　　)　16. 隆盛(　　　)
17. 啓蒙(　　　)　18. 祭祀(　　　)
19. 孟浪(　　　)　20. 旅券(　　　)
21. 納涼(　　　)　22. 漏落(　　　)
23. 慈堂(　　　)　24. 露宿(　　　)
25. 元旦(　　　)　26. 協贊(　　　)
27. 羅列(　　　)　28. 獨奏(　　　)
29. 姑婦(　　　)　30. 繁榮(　　　)
31. 壓卷(　　　)　32. 弄談(　　　)
33. 悲鳴(　　　)　34. 耕作(　　　)
35. 倒産(　　　)　36. 止血(　　　)
37. 高麗(　　　)　38. 逃亡(　　　)
39. 時刻(　　　)　40. 衰弱(　　　)
41. 追窮(　　　)　42. 架橋(　　　)
43. 便覽(　　　)　44. 貫徹(　　　)
45. 黨派(　　　)

※다음 漢字의 訓과 音을 쓰시오.

46. 異(　　　)　47. 漁(　　　)
48. 抵(　　　)　49. 緊(　　　)
50. 步(　　　)　51. 栗(　　　)
52. 讓(　　　)　53. 倫(　　　)
54. 勵(　　　)　55. 企(　　　)
56. 段(　　　)　57. 麥(　　　)
58. 努(　　　)　59. 祕(　　　)
60. 宇(　　　)　61. 乙(　　　)
62. 凍(　　　)　63. 沙(　　　)
64. 微(　　　)　65. 損(　　　)
66. 隨(　　　)　67. 筋(　　　)
68. 隊(　　　)　69. 勉(　　　)
70. 克(　　　)　71. 快(　　　)
72. 慕(　　　)

※다음 한자의 類義字를 찾아 그 번호를 쓰시오.

① 畫　② 歲　③ 劃　④ 曲　⑤ 爆
⑥ 滅　⑦ 穀　⑧ 辭　⑨ 暴　⑩ 續

73. 圖 - (　　　)　74. 歌 - (　　　)
75. 年 - (　　　)　76. 凶 - (　　　)
77. 連 - (　　　)

※反對・相對되는 漢字를 넣어 單語를 완성 하시오.

78. (　　　) - 負　79. 緩 - (　　　)
80. (　　　) - 伏　81. 眞 - (　　　)
82. (　　　) - 靜

※다음 漢字語의 反對語・相對語를 漢字로 쓰시오.

83. 光明 - (　　　)　84. 死藏 - (　　　)
85. 全體 - (　　　)　86. 閉鎖 - (　　　)
87. 分散 - (　　　)

※다음 漢字의 部首를 쓰시오.

88. 右(　　　)　89. 頃(　　　)　90. 掌(　　　)
91. 亞(　　　)　92. 弓(　　　)

※다음 밑줄 친 漢字語를 漢字 正字로 쓰시오.

▷ 준비(93)된 물건(94)을 식탁(95)에 올려놓았다.
▷ 제품(96)을 매매(97)하기 전에 가격(98)에 대한 조사(99)가 필요하다.
▷ 논문의 필자(100)가 표면(101)적으로 내세운 이론(102)은 어느 정도(103) 독자의 시선(104)을 인식(105)하여 그들의 의견(106)을 반영함으로써 연구(107)의 구색(108)을 맞추는 결과(109)를 낳았다.
▷ 최근(110)에 발생(111)된 중요(112)한 문제의 해결책은 직관(113)적으로 그 방안(114)을 마련하여 주목(115)을 받았다.
▷ 새내기들의 자신(116)감을 앞세운 신제품에 대한 광고(117)는 열풍(118)처럼 소비자를 설득(119)하여 현상(120) 유지 정도를 당연(121)한 것이라 보았던 임원들의 사고(122) 방식은 여지없이 무너졌다.

93. 준비 (　　　)　94. 물건 (　　　)
95. 식탁 (　　　)　96. 제품 (　　　)
97. 매매 (　　　)　98. 가격 (　　　)
99. 조사 (　　　)　100. 필자 (　　　)
101. 표면 (　　　)　102. 이론 (　　　)
103. 정도 (　　　)　104. 시선 (　　　)
105. 인식 (　　　)　106. 의견 (　　　)
107. 연구 (　　　)　108. 구색 (　　　)
109. 결과 (　　　)　110. 최근 (　　　)
111. 발생 (　　　)　112. 중요 (　　　)
113. 직관 (　　　)　114. 방안 (　　　)
115. 주목 (　　　)　116. 자신 (　　　)
117. 광고 (　　　)　118. 열풍 (　　　)
119. 설득 (　　　)　120. 현상 (　　　)
121. 당연 (　　　)　122. 사고 (　　　)

※( )안에 알맞은 漢字를 넣어 故事成語를 완성하시오.

123. (　　)過遷善　124. 我田(　　)水
125. 女(　　)從夫　126. 佳人薄(　　)
127. 大(　　)痛哭　128. 不知其(　　)
129. 無(　　)出入　130. 加減乘(　　)
131. 莫(　　)之友　132. 利己主(　　)

※음은 같으나 뜻이 다른 漢字語를 쓰시오.

133. 強辯 : (　　　) 강가
134. 由緒 : (　　　) 같은 종류의 책.
135. 浮上 : (　　　) 자본이 많은 상인.
136. 古典 : (　　　) 몹시 힘든 싸움.
137. 市政 : (　　　) 그릇된 것을 바로 잡음.

※첫소리가 長音인 것을 고르시오.

138. (　　) : ①委任 ②脅迫 ③空地 ④統一
139. (　　) : ①交付 ②趣味 ③斗量 ④督促
140. (　　) : ①末世 ②厚待 ③軍屬 ④獄舍
141. (　　) : ①覺悟 ②看板 ③總計 ④基本
142. (　　) : ①敗家 ②伯叔 ③金星 ④堅固

※다음 한자어의 뜻을 쓰시오.

143. 積立 : (　　　　　　　　　　)
144. 激務 : (　　　　　　　　　　)
145. 危局 : (　　　　　　　　　　)
146. 攻防 : (　　　　　　　　　　)
147. 嚴父 : (　　　　　　　　　　)

※다음 漢字의 略字를 쓰시오.

148. 寶 (　　) 149. 卒 (　　) 150. 缺 (　　)

檢討하고 提出하십시오. 105點 以上 合格

漢字能力檢定試驗 3級II 問題紙

기출예상문제[라]

(社)韓國語文會·韓國漢字能力檢定會　　(시험시간 : 60분)

※다음 漢字語의 讀音을 쓰시오.

1. 謙讓( )　2. 臺帳( )
3. 啓蒙( )　4. 森嚴( )
5. 拘禁( )　6. 損壞( )
7. 緩急( )　8. 吹奏( )
9. 督促( )　10. 請負( )
11. 坐禪( )　12. 紫煙( )
13. 堅執( )　14. 賦役( )
15. 靜寂( )　16. 微賤( )
17. 邪慾( )　18. 悔悟( )
19. 幽閉( )　20. 隱密( )
21. 御殿( )　22. 漆黑( )
23. 乾濕( )　24. 獎勵( )
25. 護衛( )　26. 拳鬪( )
27. 稚魚( )　28. 溫厚( )
29. 汗蒸( )　30. 拔劍( )
31. 荷船( )　32. 配慮( )
33. 莫甚( )

※다음 漢字의 訓과 音을 쓰시오.

34. 揚( )　35. 恕( )
36. 珍( )　37. 疏( )
38. 恒( )　39. 載( )
40. 昇( )　41. 齊( )
42. 討( )　43. 華( )
44. 衝( )　45. 停( )
46. 阿( )　47. 洗( )
48. 缺( )　49. 暖( )
50. 伏( )　51. 桃( )
52. 磨( )　53. 漏( )
54. 架( )　55. 瓦( )
56. 枝( )　57. 鎖( )
58. 宴( )　59. 招( )
60. 滯( )

※첫소리가 長音인 것을 고르시오.

61. ( ) : ①寒波 ②窓口 ③宇宙 ④公司
62. ( ) : ①妙技 ②兵馬 ③聯盟 ④伯兄
63. ( ) : ①順序 ②認可 ③提示 ④額面
64. ( ) : ①雲海 ②模範 ③邊方 ④類推
65. ( ) : ①轉送 ②斷絶 ③遺言 ④詳細

※다음 漢字語의 反對字를 써 넣어 漢字語를 만드시오.

66. ( )-晩　67. ( )-辱
68. ( )-免　69. ( )-卑
70. ( )-裏

※다음 漢字語의 反對語를 漢字로 쓰시오.

71. 動機-( )　72. 苦痛-( )
73. 敗北-( )　74. 虛僞-( )
75. 依存-( )

※( )안에 알맞은 漢字를 넣어 故事成語를 완성하시오.

76. ( )在頃刻　77. 群( )割據
78. 賢母( )妻　79. 彼此( )般
80. 同( )紅裳　81. ( )兆蒼生
82. 壽福( )寧　83. 氷( )之間
84. 論功行( )　85. 錦衣還( )

※다음 漢字의 部首를 쓰시오.

86. 兒( )　87. 吏( )　88. 或( )
89. 麗( )　90. 拜( )

※다음 글에서 밑줄 친 한글은 漢字로, 漢字는 한글로 바꿔 쓰시오.

▷"不滅(91)의 이순신 등 남쪽 드라마와 映畵(92)를 많이 보고 있다"는 북한의 김정일 국방위원장은 "南側(93) 젊은이들의 언어가 악센트 差異(94) 등으로 인해 이해(95)에 어려움이 있다"면서 남북 언어 이질화를 막기 위해 한문공부(96)를 많이 시키고 있다고 말했다. <서울=연합뉴스 2005. 6. 18>

▷요즘 한자 열풍(97)이 대학가를 뜨겁게 달구고 있다. 한자 시험을 採用(98) 과정(99)에 놓거나 자격증 所持者(100)에 대해 加算點(101)을 주는 企業(102)들이 늘고 있기 때문에 피 말리는 취업 경쟁(103)에서 한자 능력이 중요(104)한 변수(105)로 떠오른 것이다. 하반기(106) 대규모 기업 공채를 앞두고 대학 당국(107)도 비상(108)이 걸렸다. 학생들의 한자 능력을 강화(109)하기 위해 학교 차원(110)에서 '집중(111) 세미나'를 개설(112)하여 支援(113)을 하는 대학도 생겼다. <조선일보 2006. 8. 7>

▷주세미씨는 "영어에 목숨 거는 한국교육은 잘못된 것"이라 하고, "多樣(114)한 문화 체험, 창의(115)적이고 논리적인 사고(116), 그리고 도전정신(117)이 중용하다."고 말했다. <조선일보 2006. 4. 28>

▷유길준의 著書(118) '서유견문'은 한국 최초(119)의 국한문혼용체를 사용하여 세계(120)의 지리, 법률(121), 치안(122), 풍습, 상업, 婚禮(123) 등 근대(124) 서양(125) 사회의 온갖 지식(126) 체계를 망라하였다. <韓國語文會편. 구당 유길준의 사상과 저술>

▷복녀는 본래 가난은 하지만 정직(127)한 농가(128)에서 규칙있게 자라난 처녀(129)였었다. <김동인의 '감자'>

▷돈 있고 지위(130)가 높을 때에 품격(131)을 지키는 사람보다 역경(132)에 처해 있을 때에 보전하고 있는 사람이 참된 사람이다. <채근담>

91. 不滅 (　　　)　　92. 映畵 (　　　)
93. 南側 (　　　)　　94. 差異 (　　　)
95. 이해 (　　　)　　96. 공부 (　　　)
97. 열풍 (　　　)　　98. 採用 (　　　)
99. 과정 (　　　)　　100. 所持者 (　　　)
101. 加算點 (　　　)　　102. 企業 (　　　)
103. 경쟁 (　　　)　　104. 중요 (　　　)
105. 변수 (　　　)　　106. 하반기 (　　　)
107. 당국 (　　　)　　108. 비상 (　　　)
109. 강화 (　　　)　　110. 차원 (　　　)
111. 집중 (　　　)　　112. 개설 (　　　)
113. 支援 (　　　)　　114. 多樣 (　　　)
115. 창의 (　　　)　　116. 사고 (　　　)
117. 정신 (　　　)　　118. 著書 (　　　)
119. 최초 (　　　)　　120. 세계 (　　　)
121. 법률 (　　　)　　122. 치안 (　　　)
123. 婚禮 (　　　)　　124. 근대 (　　　)
125. 서양 (　　　)　　126. 지식 (　　　)
127. 정직 (　　　)　　128. 농가 (　　　)
129. 처녀 (　　　)　　130. 지위 (　　　)
131. 품격 (　　　)　　132. 역경 (　　　)

※다음 漢字의 類義字를 찾아 그 번호를 쓰시오.

① 祝　② 進　③ 務　④ 給
⑤ 客　⑥ 窮　⑦ 視　⑧ 辭

133. 旅 - (　　　)　　134. 勉 - (　　　)
135. 貧 - (　　　)　　136. 監 - (　　　)
137. 與 - (　　　)

※音은 같으나 뜻이 다른 漢字語를 쓰시오.

138. 詩歌 : (　　　) 도시의 거리.
139. 情景 : (　　　) 정치와 경제.
140. 仙藥 : (　　　) 먼저 약속함.
141. 守令 : (　　　) 돈이나 물품을 받아들임.
142. 秀才 : (　　　) 큰물로 말미암은 재해.

※다음 漢字語의 뜻을 쓰시오.

143. 遷都 : (　　　)
144. 祭需 : (　　　)
145. 碧眼 : (　　　)
146. 端緒 : (　　　)
147. 豫報 : (　　　)

※다음 漢字의 略字를 쓰시오.

148. 團 (　　　) 149. 鐵 (　　　) 150. 假 (　　　)

배정한자 및 중간점검용정답

3II 배정한자

3II배정한자	②	③	④	⑤	⑥	⑦	⑧	⑨	⑩
佳 아름다울가	較 비교교	浪 물결랑	慕 그릴모	婢 계집종비	瞬 눈깜짝할순	烏 까마귀오	抵 막을저	錯 어긋날착	編 엮을편
架 시렁가	巧 공교할교	郞 사내랑	謀 꾀모	卑 낮을비	巡 돌순	悟 깨달을오	著 나타날저	贊 도울찬	弊 폐단폐
閣 집각	拘 잡을구	涼 서늘할량	貌 모양모	肥 살찔비	旬 열흘순	獄 옥옥	寂 고요할적	倉 곳집창	肺 허파폐
脚 다리각	久 오랠구	梁 들보량	睦 화목할목	妃 왕비비	述 펼술	瓦 기와와	摘 딸적	昌 창성할창	廢 폐할폐
肝 간간	丘 언덕구	勵 힘쓸려	沒 빠질몰	邪 간사할사	襲 엄습할습	緩 느릴완	跡 발자취적	蒼 푸를창	浦 개포
懇 간절할간	菊 국화국	曆 책력력	夢 꿈몽	詞 말사	拾 주울습	辱 욕될욕	蹟 자취적	彩 채색채	捕 잡을포
刊 새길간	弓 활궁	戀 그리워할련	蒙 어두울몽	司 맡을사	濕 젖을습	慾 욕심욕	笛 피리적	菜 나물채	楓 단풍풍
幹 줄기간	拳 주먹권	鍊 쇠불릴련	貿 무역할무	沙 모래사	昇 오를승	欲 하고자할욕	殿 전각전	債 빚채	被 입을피
鑑 거울감	鬼 귀신귀	聯 연이을련	茂 무성할무	祀 제사사	僧 중승	愚 어리석을우	漸 점점점	策 꾀책	皮 가죽피
剛 굳셀강	菌 버섯균	蓮 연꽃련	默 잠잠할묵	蛇 긴뱀사	乘 탈승	偶 짝우	亭 정자정	妻 아내처	彼 저피
綱 벼리강	克 이길극	裂 찢어질렬	墨 먹묵	斜 비낄사	侍 모실시	憂 근심우	廷 조정정	拓 넓힐척	畢 마칠필
鋼 강철강	琴 거문고금	嶺 고개령	紋 무늬문	削 깎을삭	飾 꾸밀식	羽 깃우	征 칠정	戚 친척척	何 어찌하
介 낄개	錦 비단금	靈 신령령	勿 말물	森 수풀삼	愼 삼갈신	韻 운운	貞 곧을정	尺 자척	賀 하례할하
槪 대개개	禽 새금	爐 화로로	微 작을미	像 모양상	審 살필심	越 넘을월	淨 깨끗할정	踐 밟을천	荷 멜하
蓋 덮을개	及 미칠급	露 이슬로	尾 꼬리미	詳 자세할상	甚 심할심	胃 밥통위	井 우물정	賤 천할천	鶴 학학
距 상거할거	畿 경기기	祿 녹록	薄 엷을박	裳 치마상	雙 두쌍	謂 이를위	頂 정수리정	淺 얕을천	汗 땀한
乾 하늘건	企 꾀할기	弄 희롱할롱	迫 핍박할박	霜 서리상	牙 어금니아	僞 거짓위	齊 가지런할제	遷 옮길천	割 벨할
劍 칼검	祈 빌기	賴 의뢰할뢰	般 가지반	尙 오히려상	芽 싹아	幽 그윽할유	諸 모두제	哲 밝을철	含 머금을함
隔 사이뜰격	其 그기	雷 우레뢰	盤 소반반	喪 잃을상	雅 맑을아	誘 꾈유	照 비칠조	徹 통할철	陷 빠질함
訣 이별할결	騎 말탈기	樓 다락루	飯 밥반	桑 뽕나무상	亞 버금아	裕 넉넉할유	兆 억조조	滯 막힐체	項 항목항
謙 겸손할겸	緊 긴할긴	累 자주루	拔 뽑을발	償 갚을상	阿 언덕아	悠 멀유	租 조세조	肖 닮을초	恒 항상항
兼 겸할겸	諾 허락할낙	漏 샐루	芳 꽃다울방	塞 찾을색	我 나아	維 벼리유	縱 세로종	超 뛰어넘을초	響 울릴향
頃 이랑경	娘 계집낭	倫 인륜륜	輩 무리배	署 마을서	岸 언덕안	柔 부드러울유	坐 앉을좌	礎 주춧돌초	獻 드릴헌
耕 밭갈경	耐 견딜내	栗 밤률	排 밀칠배	緖 실마리서	顔 낯안	幼 어릴유	柱 기둥주	觸 닿을촉	玄 검을현
徑 지름길경	寧 편안녕	率 비율률	培 북돋을배	恕 용서할서	巖 바위암	猶 오히려유	洲 물가주	促 재촉할촉	懸 달현
硬 굳을경	奴 종노	隆 높을륭	伯 맏백	徐 천천할서	央 가운데앙	潤 불을윤	宙 집주	催 재촉할최	穴 굴혈
械 기계계	腦 골뇌	陵 언덕릉	繁 번성할번	釋 풀석	仰 우러를앙	乙 새을	奏 아뢸주	追 쫓을추	脅 위협할협
契 맺을계	泥 진흙니	吏 관리리	凡 무릇범	惜 아낄석	哀 슬플애	淫 음란할음	珠 구슬주	畜 짐승축	衡 저울대형
啓 열계	茶 차다	履 밟을리	碧 푸를벽	旋 돌선	若 같을약	已 이미이	株 그루주	衝 찌를충	慧 슬기로울혜
溪 시내계	旦 아침단	裏 속리	丙 남녘병	禪 선선	壤 흙덩이양	翼 날개익	鑄 쇠불릴주	醉 취할취	浩 넓을호
桂 계수나무계	但 다만단	臨 임할림	補 기울보	疏 트일소	揚 날릴양	忍 참을인	仲 버금중	吹 불취	胡 되호
鼓 북고	丹 붉을단	麻 삼마	譜 족보보	蘇 되살아날소	讓 사양할양	逸 편안할일	卽 곧즉	側 곁측	豪 호걸호
姑 시어미고	淡 맑을담	磨 갈마	腹 배복	訴 호소할소	御 거느릴어	抑 누를억	憎 미울증	値 값치	虎 범호
稿 원고고	踏 밟을답	漠 넓을막	覆 덮을복	燒 사를소	抑 누를억	憶 생각할억	症 증세증	恥 부끄러울치	惑 미혹할혹
哭 울곡	唐 당나라당	幕 장막막	峯 봉우리봉	訟 송사할송	燕 제비연	譯 번역할역	蒸 찔증	稚 어릴치	魂 넋혼
谷 골곡	糖 엿당	莫 없을막	封 봉할봉	刷 인쇄할쇄	沿 물따라갈연	役 부릴역	曾 일찍증	漆 옻칠	忽 갑자기홀
恭 공손할공	臺 대대	晩 늦을만	逢 만날봉	鎖 쇠사슬쇄	軟 연할연	驛 역역	池 못지	沈 잠길침	洪 넓을홍
恐 두려울공	貸 빌릴대	妄 망령될망	鳳 새봉	衰 쇠할쇠	宴 잔치연	亦 또역	之 갈지	浸 잠길침	禍 재앙화
貢 바칠공	途 길도	梅 매화매	簿 문서부	需 쓰일수	悅 기쁠열	疫 전염병역	枝 가지지	奪 빼앗을탈	還 돌아올환
供 이바지할공	陶 질그릇도	媒 중매매	付 부칠부	殊 다를수	染 물들염	暫 잠간잠	振 떨칠진	塔 탑탑	換 바꿀환
誇 자랑할과	刀 칼도	麥 보리맥	符 부호부	隨 따를수	炎 불꽃염	藏 감출장	陳 베풀진	湯 끓을탕	皇 임금황
寡 적을과	倒 넘어질도	孟 맏맹	附 붙을부	輸 보낼수	鹽 소금염	粧 단장할장	鎭 진압할진	殆 거의태	荒 거칠황
冠 갓관	桃 복숭아도	盟 맹세맹	扶 도울부	帥 장수수	影 그림자영	掌 손바닥장	辰 별진	泰 클태	悔 뉘우칠회
貫 꿸관	渡 건널도	猛 사나울맹	浮 뜰부	獸 짐승수	譽 기릴예	宴 잔치연	震 우레진	澤 못택	懷 품을회
寬 너그러울관	突 갑자기돌	盲 소경맹	腐 썩을부	愁 근심수		丈 어른장	疾 병질	兎 토끼토	劃 그을획
慣 익숙할관	凍 얼동	綿 솜면	賦 부세부	壽 목숨수		臟 오장장	秩 차례질	吐 토할토	獲 얻을획
館 집관	絡 이을락	眠 잘면	奔 달릴분	垂 드리울수		葬 장사지낼장	執 잡을집	透 사무칠투	橫 가로횡
狂 미칠광	欄 난간란	免 면할면	奮 떨칠분	熟 익을숙		載 실을재	徵 부를징	版 판목판	胸 가슴흉
怪 괴이할괴	蘭 난초란	滅 멸할멸	紛 어지러울분	淑 맑을숙		裁 옷마를재	此 이차	偏 치우칠편	戲 놀이희
壞 무너질괴	廊 사랑채랑	銘 새길명	拂 떨칠불			栽 심을재	借 빌릴차		稀 드물희

- 65 -

배정한자 및 중간점검용정답

5급배정한자

① 加 더할 가 / 可 옳을 가 / 改 고칠 개 / 去 갈 거 / 擧 들 거 / 健 굳셀 건 / 件 물건 건 / 建 세울 건 / 輕 가벼울 경 / 競 다툴 경 / 景 볕 경 / 固 굳을 고 / 考 생각할 고 / 曲 굽을 곡 / 橋 다리 교 / 救 구원할 구 / 貴 귀할 귀 / 規 법 규 / 給 줄 급 / 汽 물끓는김 기 / 期 기약할 기 / 技 재주 기 / 吉 길할 길 / 壇 단 단 / 談 말씀 담

② 都 도읍 도 / 島 섬 도 / 落 떨어질 락 / 冷 찰 랭 / 量 헤아릴 량 / 領 거느릴 령 / 令 하여금 령 / 料 헤아릴 료 / 馬 말 마 / 末 끝 말 / 亡 망할 망 / 買 살 매 / 賣 팔 매 / 無 없을 무 / 倍 곱 배 / 費 쓸 비 / 比 견줄 비

③ 船 배 선 / 善 착할 선 / 示 보일 시 / 案 책상 안 / 魚 고기 어 / 漁 고기잡을 어 / 億 억 억 / 熱 더울 열 / 葉 잎 엽 / 屋 집 옥 / 完 완전할 완 / 曜 빛날 요 / 浴 목욕할 욕 / 牛 수컷 웅 / 雄 수컷 웅 / 院 집 원 / 原 언덕 원 / 願 원할 원 / 位 자리 위 / 耳 귀 이 / 因 인할 인 / 災 재앙 재 / 再 두 재 / 爭 다툴 쟁 / 貯 쌓을 저

④ 赤 붉을 적 / 停 머무를 정 / 操 잡을 조 / 終 마칠 종 / 罪 허물 죄 / 止 그칠 지 / 唱 부를 창 / 鐵 쇠 철 / 初 처음 초 / 最 가장 최

5Ⅱ배정한자

① 價 값 가 / 客 손 객 / 格 격식 격 / 見 볼 견 / 決 결단할 결 / 結 맺을 결 / 敬 공경 경 / 告 고할 고 / 課 공부할 과 / 過 지날 과 / 關 관계할 관 / 觀 볼 관 / 廣 넓을 광 / 具 갖출 구 / 舊 예 구 / 局 판 국 / 己 몸 기 / 基 터 기 / 念 생각 념 / 能 능할 능 / 團 둥글 단 / 當 마땅 당 / 德 큰 덕 / 到 이를 도 / 獨 홀로 독

② 朗 밝을 랑 / 良 어질 량 / 旅 나그네 려 / 歷 지날 력 / 練 익힐 련 / 勞 일할 로 / 類 무리 류 / 流 흐를 류 / 陸 뭍 륙 / 望 바랄 망 / 法 법 법 / 變 변할 변 / 兵 병사 병 / 福 복 복 / 奉 받들 봉 / 史 사기 사 / 士 선비 사 / 仕 섬길 사 / 産 낳을 산 / 相 서로 상 / 商 장사 상 / 鮮 고울 선 / 仙 신선 선 / 說 말씀 설 / 性 성품 성

③ 洗 씻을 세 / 歲 해 세 / 束 묶을 속 / 首 머리 수 / 宿 잘 숙 / 順 순할 순 / 識 알 식 / 臣 신하 신 / 實 열매 실 / 兒 아이 아 / 惡 약할 악 / 約 맺을 약 / 養 기를 양 / 要 요긴할 요 / 友 벗 우 / 雨 비 우 / 雲 구름 운 / 元 으뜸 원 / 偉 클 위 / 以 써 이

④ 富 부자 부 / 佛 부처 불 / 備 갖출 비 / 飛 날 비 / 悲 슬플 비 / 非 아닐 비 / 貧 가난할 빈 / 謝 사례할 사 / 師 스승 사 / 寺 절 사 / 舍 집 사 / 殺 죽일 살

⑤ 狀 형상 상 / 常 떳떳할 상 / 床 상 상 / 想 생각 상 / 設 베풀 설 / 星 별 성 / 聖 성인 성 / 盛 성할 성 / 聲 소리 성 / 城 재 성 / 誠 정성 성 / 細 가늘 세 / 稅 세금 세 / 勢 형세 세 / 素 본디 소 / 掃 쓸 소 / 笑 웃음 소 / 續 이을 속 / 俗 풍속 속 / 送 보낼 송 / 收 거둘 수 / 修 닦을 수 / 受 받을 수 / 授 줄 수

⑥ 守 지킬 수 / 純 순수할 순 / 承 이을 승 / 施 베풀 시 / 視 볼 시 / 詩 시 시 / 試 시험 시

⑦ 是 이 시 / 息 쉴 식 / 申 납 신 / 深 깊을 심 / 眼 눈 안 / 暗 어두울 암 / 壓 누를 압 / 液 진 액 / 羊 양 양 / 如 같을 여 / 餘 남을 여 / 逆 거스릴 역 / 演 펼 연 / 硏 갈 연 / 煙 연기 연 / 榮 영화 영 / 藝 재주 예 / 誤 그르칠 오 / 玉 구슬 옥

⑧ 往 갈 왕 / 謠 노래 요 / 容 얼굴 용 / 圓 둥글 원 / 員 인원 원 / 衛 지킬 위 / 爲 할 위 / 肉 고기 육 / 恩 은혜 은 / 陰 그늘 음 / 應 응할 응 / 義 옳을 의 / 議 의논할 의 / 移 옮길 이 / 益 더할 익 / 引 끌 인 / 印 도장 인 / 認 알 인 / 障 막을 장 / 將 장수 장 / 低 낮을 저 / 敵 대적할 적 / 田 밭 전 / 絶 끊을 절 / 接 이을 접

⑨ 程 길 정 / 政 정사 정 / 精 정할 정 / 濟 건널 제 / 提 끌 제 / 制 절제할 제 / 際 즈음 제 / 除 덜 제 / 祭 제사 제 / 製 지을 제 / 助 도울 조 / 鳥 새 조 / 早 이를 조 / 造 지을 조 / 尊 높을 존 / 宗 마루 종 / 走 달릴 주 / 竹 대 죽 / 準 준할 준 / 衆 무리 중 / 增 더할 증 / 指 가리킬 지 / 志 뜻 지 / 至 이를 지 / 支 지탱할 지 / 職 직분 직 / 進 나아갈 진

⑩ 眞 참 진 / 次 버금 차 / 察 살필 찰 / 創 비롯할 창 / 處 곳 처 / 請 청할 청 / 總 다 총 / 銃 총 총 / 蓄 쌓을 축 / 築 쌓을 축 / 蟲 벌레 충 / 忠 충성 충 / 取 가질 취 / 測 헤아릴 측 / 治 다스릴 치 / 置 둘 치

⟨4Ⅱ⟩

齒 이 치 / 侵 침노할 침 / 快 쾌할 쾌 / 態 모습 태 / 統 거느릴 통 / 退 물러날 퇴 / 破 깨뜨릴 파 / 波 물결 파 / 砲 대포 포 / 布 베 포

包 쌀 포 / 暴 사나울 폭 / 票 표 표 / 豊 풍년 풍 / 限 한할 한 / 航 배 항 / 港 항구 항 / 解 풀 해 / 鄕 시골 향 / 香 향기 향 / 虛 빌 허 / 驗 시험할 험 / 賢 어질 현 / 血 피 혈 / 協 화할 협 / 惠 은혜 혜 / 好 좋을 호 / 護 도울 호 / 呼 부를 호 / 戶 집 호 / 貨 재물 화 / 確 확실할 확 / 回 돌아올 회 / 吸 마실 흡 / 興 일 흥 / 希 바랄 희

祝 빌 축

致 이를 치 / 則 법칙 칙 / 他 다를 타 / 打 칠 타 / 卓 높을 탁 / 炭 숯 탄 / 板 판 판 / 敗 패할 패 / 河 물 하 / 寒 찰 한 / 許 허락 허 / 湖 호수 호 / 患 근심 환 / 黑 검을 흑

鼻 코 비

氷 얼음 빙 / 寫 베낄 사 / 査 조사할 사 / 思 생각 사 / 賞 상줄 상 / 序 차례 서 / 選 가릴 선

배정한자 및 중간점검용정답

8급배정한자

年 해 년 / 큰 대 동녘 동 / 여섯 륙 일만 만 ②
大東六萬
母木門民白父北四山三生西先 ③
어미 모 / 나무 목 / 문 문 / 백성 민 / 흰 백 / 아비 부 / 북녘 북 / 넉 사 / 메 산 / 석 삼 / 날 생 / 서녘 서 / 먼저 선
小水室十五王外月二人日一長 ④
작을 소 / 물 수 / 집 실 / 열 십 / 다섯 오 / 임금 왕 / 바깥 외 / 달 월 / 두 이 / 사람 인 / 날 일 / 한 일 / 긴 장
弟中青寸七土八學韓兄火
아우 제 / 가운데 중 / 푸를 청 / 마디 촌 / 일곱 칠 / 흙 토 / 여덟 팔 / 배울 학 / 나라 한 / 형 형 / 불 화
教校九國軍金南女
가르칠 교 / 학교 교 / 아홉 구 / 나라 국 / 군사 군 / 쇠 금 / 남녘 남 / 계집 녀
道動力立每
길 도 / 움직일 동 / 힘 력 / 설 립 / 매양 매

7급배정한자

名物方不事上姓 ③
이름 명 / 물건 물 / 모 방 / 아닐 불 / 일 사 / 위 상 / 성 성
世手時市食安午右自子場電前全 ④
인간 세 / 손 수 / 때 시 / 저자 시 / 먹을 식 / 편안 안 / 낮 오 / 오른 우 / 스스로 자 / 아들 자 / 마당 장 / 번개 전 / 앞 전 / 온전 전
正足左直平下漢海話活孝後
바를 정 / 발 족 / 왼 좌 / 곧을 직 / 평평할 평 / 아래 하 / 한수 한 / 바다 해 / 말씀 화 / 살 활 / 효도 효 / 뒤 후

7Ⅱ배정한자

家間江車空工記氣男內農答 ①
집 가 / 사이 간 / 강 강 / 수레 거 / 빌 공 / 장인 공 / 기록할 기 / 기운 기 / 사내 남 / 안 내 / 농사 농 / 대답 답
有育邑入字祖住主重地紙川
있을 유 / 기를 육 / 고을 읍 / 들 입 / 글자 자 / 할아비 조 / 살 주 / 주인 주 / 무거울 중 / 땅 지 / 종이 지 / 내 천
千天草村秋春出便夏花休
일천 천 / 하늘 천 / 풀 초 / 마을 촌 / 가을 추 / 봄 춘 / 날 출 / 편할 편 / 여름 하 / 꽃 화 / 쉴 휴
歌口旗冬洞同登來老里林面命 ①
노래 가 / 입 구 / 기 기 / 겨울 동 / 골 동 / 한가지 동 / 오를 등 / 올 래 / 늙을 로 / 마을 리 / 수풀 림 / 낯 면 / 목숨 명
文問百夫算色夕所少數植心語 ②
글월 문 / 물을 문 / 일백 백 / 지아비 부 / 셈 산 / 빛 색 / 저녁 석 / 바 소 / 적을 소 / 셈 수 / 심을 식 / 마음 심 / 말씀 어
然 ③
그럴 연

6Ⅱ배정한자

第注集窓淸體表風幸現形和會
차례 제 / 부을 주 / 모을 집 / 창 창 / 맑을 청 / 몸 체 / 겉 표 / 바람 풍 / 다행 행 / 나타날 현 / 모양 형 / 화할 화 / 모일 회
讀童等樂利理明聞班反半發放部分社書線雪
읽을 독 / 아이 동 / 무리 등 / 즐길 락 / 이할 리 / 다스릴 리 / 밝을 명 / 들을 문 / 나눌 반 / 돌아올 반 / 반 반 / 필 발 / 놓을 방 / 떼 부 / 나눌 분 / 모일 사 / 글 서 / 줄 선 / 눈 설
省成消術始神身信新藥弱業勇用運飮音意昨 ③
살필 성 / 이룰 성 / 사라질 소 / 재주 술 / 비로소 시 / 귀신 신 / 몸 신 / 믿을 신 / 새 신 / 약 약 / 약할 약 / 업 업 / 날랠 용 / 쓸 용 / 옮길 운 / 마실 음 / 소리 음 / 뜻 의 / 어제 작
作才戰庭題 ④
지을 작 / 재주 재 / 싸울 전 / 뜰 정 / 제목 제

各角計界高功公共科果光球今急短堂代對圖 ①
각각 각 / 뿔 각 / 셈할 계 / 지경 계 / 높을 고 / 공 공 / 공평할 공 / 한가지 공 / 과목 과 / 실과 과 / 빛 광 / 공 구 / 이제 금 / 급할 급 / 짧을 단 / 집 당 / 대신 대 / 대할 대 / 그림 도 ②
銀衣醫者章在定朝族畫親太通特合行向號畫黃訓
은 은 / 옷 의 / 의원 의 ④ / 놈 자 / 글 장 / 있을 재 / 정할 정 / 아침 조 / 겨레 족 / 낮 주 / 친할 친 / 클 태 / 통할 통 / 특별할 특 / 합할 합 / 다닐 행 / 향할 향 / 이름 호 / 그림 화 / 누를 황 / 가르칠 훈

6급배정한자

級多待度頭例禮路綠李目米美朴番別病服本死使石席速孫樹習 ②
등급 급 / 많을 다 / 기다릴 대 / 법도 도 / 머리 두 / 법식 례 / 예도 례 / 길 로 / 푸를 록 / 오얏 리 / 눈 목 / 쌀 미 / 아름다울 미 / 성 박 / 차례 번 / 다를 별 / 병 병 / 옷 복 / 근본 본 / 죽을 사 / 하여금 사 / 돌 석 / 자리 석 / 빠를 속 / 손자 손 / 나무 수 / 익힐 습 ③
勝式失愛野夜陽洋言永英溫園遠油由
이길 승 / 법 식 / 잃을 실 / 사랑 애 / 들 야 / 밤 야 / 볕 양 / 큰바다 양 / 말씀 언 / 길 영 / 꽃부리 영 / 따뜻할 온 / 동산 원 / 멀 원 / 기름 유 / 말미암을 유
感強開京苦古交區郡近根 ①
느낄 감 / 강할 강 / 열 개 / 서울 경 / 쓸 고 / 예 고 / 사귈 교 / 구분할 구 / 고을 군 / 가까울 근 / 뿌리 근
任材財的典傳展切節店情調卒種週州知質着參責充宅品必筆害化效凶
맡길 임 / 재목 재 / 재물 재 / 과녁 적 / 법 전 ④ / 전할 전 / 펼 전 / 끊을 절 / 마디 절 / 가게 점 / 뜻 정 / 고를 조 / 마칠 졸 / 씨 종 / 주일 주 / 고을 주 / 알 지 / 바탕 질 / 붙을 착 / 참여할 참 / 꾸짖을 책 / 채울 충 / 집 택 / 물건 품 / 반드시 필 / 붓 필 / 해할 해 / 될 화 / 본받을 효 / 흉할 흉

반대자정답		유의자정답		반대어정답	
加(減)	寒(暖)	街(路)	處(所)	可決 - 否決	消費 - 生産
甘(苦)	虛(實)	歌(謠)	寒(冷)	架空 - 實在	疏遠 - 親近
輕(重)	好(惡)	家(宅)	幸(福)	加害 - 被害	損失 - 所得
京(鄕)	呼(吸)	監(視)	協(和)	減少 - 增加	損害 - 利益
苦(樂)	興(亡)	居(住)	希(望)	感情 - 理性	收入 - 支出
高(低)	姑(婦)	經(過)	堅(固)	個別 - 全體	順行 - 逆行
曲(直)	攻(防)	空(虛)	群(衆)	拒否 - 承認	失敗 - 成功
骨(肉)	君(臣)	過(去)	徒(黨)	輕減 - 加重	暗黑 - 光明
功(過)	旦(夕)	果(實)	茂(盛)	輕視 - 重視	靈魂 - 肉體
官(民)	損(益)	具(備)	扶(助)	苦痛 - 快樂	原因 - 結果
敎(學)	需(給)	技(藝)	奔(走)	空想 - 現實	怨恨 - 恩惠
吉(凶)	哀(慶)	擔(任)	辭(說)	過去 - 未來	危險 - 安全
勞(使)	緩(急)	談(話)	崇(高)	求心 - 遠心	異端 - 正統
斷(續)	存(亡)	末(端)	憂(患)	口語 - 文語	人爲 - 自然
得(失)	贊(反)	門(戶)	慈(愛)	君子 - 小人	積極 - 消極
明(暗)	禍(福)	變(化)	姿(態)	權利 - 義務	敵對 - 友好
物(心)	喜(悲)	報(告)	淨(潔)	近攻 - 遠交	專用 - 共用
發(着)	(可)否	保(守)	征(伐)	內容 - 形式	前進 - 後退
本(末)	(開)閉	副(次)	租(稅)	單獨 - 共同	絶對 - 相對
貧(富)	(公)私	費(用)	存(在)	對話 - 獨白	正午 - 子正
師(弟)	(貴)賤	舍(宅)	憎(惡)	動機 - 結果	增進 - 減退
賞(罰)	(起)伏	想(念)	疾(病)	登山 - 下山	進步 - 退步
善(惡)	(難)易	生(産)	秩(序)	浪費 - 貯蓄	質疑 - 應答
授(受)	(單)複	選(擇)	聽(聞)	立體 - 平面	差別 - 平等
收(支)	(動)靜	樹(木)	探(訪)	物質 - 精神	稱讚 - 非難
順(逆)	(盛)衰	施(設)	討(伐)	民卑 - 官尊	脫退 - 加入
是(非)	(送)迎	始(初)	(減)損	密集 - 散在	破壞 - 建設
始(終)	(勝)負	試(驗)	(康)寧	保守 - 革新	敗北 - 勝利
新(舊)	(深)淺	眼(目)	(觀)覽	複雜 - 單純	閉鎖 - 開放
往(來)	(安)危	旅(客)	(毛)髮	分散 - 集合	豊年 - 凶年
陸(海)	(愛)憎	年(歲)	(悲)哀	紛爭 - 和解	寒冷 - 溫暖
陰(陽)	(任)免	練(習)	(思)慮	貧賤 - 富貴	幸運 - 不運
利(害)	(長)幼	溫(暖)	(承)繼	死藏 - 活用	虛僞 - 眞實
因(果)	(早)晩	音(聲)	(安)寧	生前 - 死後	好材 - 惡材
自(他)	(尊)卑	意(志)	(連)絡		
將(兵)	(主)從	認(識)	(硏)磨		
正(誤)	(衆)寡	貯(蓄)	(念)慮		
祖(孫)	(出)沒	停(留)	(永)久		
眞(假)	(親)疏	製(作)	(戰)鬪		
進(退)	(表)裏	終(末)	(祭)祀		
集(配)	(賢)愚	增(加)	(進)就		

竜 - 용 룡
辞 - 말씀 사
属 - 붙을 속
肅 - 엄숙할 숙
様 - 모양 양
与 - 더불 여
営 - 경영할 영
予 - 미리 예
囲 - 에워쌀 위
残 - 남을 잔
雑 - 섞일 잡
銭 - 돈 전
転 - 구를 전
点 - 점 점
从 - 좇을 종
証 - 증거 증
尽 - 다할 진
称 - 일컬을 칭
庁 - 관청 청
弾 - 탄알 탄
択 - 가릴 택
険 - 험할 험
顕 - 나타날 현

総 - 総
蟲 - 虫
齒 - 歯
學 - 学
解 - 解
虛 - 虚
驗 - 験
賢 - 賢
號 - 号
畫 - 画
會 - 会
興 - 兴

훈음테스트정답
覚 - 깨달을 각
拠 - 근거 거
杰 - 뛰어날 걸
倹 - 검소할 검
継 - 이을 계
雞 - 닭 계
鉱 - 쇳돌 광
勧 - 권할 권
帰 - 돌아갈 귀
乱 - 어지러울 란

數 - 数
實 - 実
惡 - 悪
壓 - 圧
藥 - 薬
榮 - 栄
藝 - 芸
圓 - 円
應 - 応
醫 - 医
將 - 将
爭 - 争
傳 - 伝
戰 - 战
定 - 宅
濟 - 済
卒 - 卆
晝 - 昼
質 - 質
參 - 参
處 - 処
鐵 - 鉄
體 - 体

圖 - 図
獨 - 独
讀 - 読
同 - 仝
燈 - 灯
樂 - 楽
來 - 来
兩 - 両
禮 - 礼
勞 - 労
滿 - 満
萬 - 万
發 - 発
變 - 変
邊 - 辺
寶 - 宝
佛 - 仏
寫 - 写
師 - 师
狀 - 状
聲 - 声
世 - 古
續 - 続

약자정답
假 - 仮
價 - 価
監 - 监
擧 - 挙
檢 - 検
缺 - 欠
經 - 経
輕 - 軽
觀 - 观
關 - 関
廣 - 広
區 - 区
舊 - 旧
國 - 国
權 - 权
氣 - 気
團 - 団
斷 - 断
擔 - 担
當 - 当
黨 - 党
對 - 対

고사성어정답
佳人薄(命)
刻骨銘(心)
刻舟(求)劍
(感)之德之
蓋(世)之才
隔世之(感)
堅忍(不)拔
犬兔之(爭)
兼人之(勇)
孤掌(難)鳴
骨(肉)相殘
(空)中樓閣
冠婚喪(祭)
九(曲)肝腸
群鷄(一)鶴
君臣有(義)
群(雄)割據
君(爲)臣綱
君子三(樂)
窮(餘)之策
金蘭之(交)
金石之(約)
錦衣(夜)行

金枝(玉)葉
亂(臣)賊子
內憂外(患)
(內)柔外剛
弄瓦之(慶)
同族(相)殘
(登)高自卑
莫(逆)之友
孟母(斷)機
孟(母)三遷
命(在)頃刻
目不忍(見)
(武)陵桃源
尾生之(信)
拔(本)塞源
百(計)無策
伯仲之(間)
不恥下(問)
(非)禮勿視
沙(上)樓閣
(山)紫水明
三旬九(食)
三人(成)虎
三從之(道)

三尺(童)子
生者(必)滅
先見之(明)
雪上(加)霜
手(不)釋卷
愼終(如)始
(神)出鬼沒
(深)山幽谷
梁上君(子)
(億)兆蒼生
嚴妻侍(下)
吳越(同)舟
烏(合)之卒
龍(頭)蛇尾
龍(味)鳳湯
愚公(移)山
(流)芳百世
悠悠(自)適
隱忍自(重)
人(面)獸心
一(以)貫之
一日之(長)
一(場)春夢
一觸卽(發)

一片丹(心)
立身揚(名)
頂(門)一針
(足)脫不及
存(亡)之秋
縱橫(無)盡
坐不安(席)
(左)衝右突
(支)離滅裂
天高(馬)肥
(天)壤之差
(千)載一遇
醉生夢(死)
(快)刀亂麻
抱腹(絶)倒
(表)裏不同
風(樹)之歎
彼此(一)般
何待(歲)月
下(石)上臺
恒茶飯(事)
浩(然)之氣
紅爐點(雪)
厚顏(無)恥

■ 사단법인 한국어문회·한자능력검정회 주관

수험번호 □□□-□□-□□□□
성명 □□□□□
주민등록번호 □□□□□□-□□□□□□□
※ 유성 싸인펜, 붉은색 필기구 사용 불가.

※답안지는 컴퓨터로 처리되므로 구기거나 더럽히지 마시고, 정답 칸 안에만 쓰십시오. 글씨가 채점란으로 들어오면 오답처리가 됩니다.

전국한자능력검정시험   급   회 답안지

번호	답안란	번호	답안란	번호	답안란	번호	답안란	번호	답안란	번호	답안란
1		26		51		76		101		126	
2		27		52		77		102		127	
3		28		53		78		103		128	
4		29		54		79		104		129	
5		30		55		80		105		130	
6		31		56		81		106		131	
7		32		57		82		107		132	
8		33		58		83		108		133	
9		34		59		84		109		134	
10		35		60		85		110		135	
11		36		61		86		111		136	
12		37		62		87		112		137	
13		38		63		88		113		138	
14		39		64		89		114		139	
15		40		65		90		115		140	
16		41		66		91		116		141	
17		42		67		92		117		142	
18		43		68		93		118		143	
19		44		69		94		119		144	
20		45		70		95		120		145	
21		46		71		96		121		146	
22		47		72		97		122		147	
23		48		73		98		123		148	
24		49		74		99		124		149	
25		50		75		100		125		150	

감독위원	채점위원(1)	채점위원(2)	채점위원(3)	점수
(서명)	(득점) (서명)	(득점) (서명)	(득점) (서명)	/150

전국한자능력검정시험 급 회 답안지

번호	답안란	번호	답안란	번호	답안란	번호	답안란	번호	답안란	번호	답안란
1		26		51		76		101		126	
2		27		52		77		102		127	
3		28		53		78		103		128	
4		29		54		79		104		129	
5		30		55		80		105		130	
6		31		56		81		106		131	
7		32		57		82		107		132	
8		33		58		83		108		133	
9		34		59		84		109		134	
10		35		60		85		110		135	
11		36		61		86		111		136	
12		37		62		87		112		137	
13		38		63		88		113		138	
14		39		64		89		114		139	
15		40		65		90		115		140	
16		41		66		91		116		141	
17		42		67		92		117		142	
18		43		68		93		118		143	
19		44		69		94		119		144	
20		45		70		95		120		145	
21		46		71		96		121		146	
22		47		72		97		122		147	
23		48		73		98		123		148	
24		49		74		99		124		149	
25		50		75		100		125		150	

■ 사단법인 한국어문회·한자능력검정회 주관

수험번호 □□□-□□-□□□□ 성명 □□□□□
주민등록번호 □□□□□□-□□□□□□□
※ 유성 싸인펜, 붉은색 필기구 사용 불가.
※답안지는 컴퓨터로 처리되므로 구기거나 더럽히지 마시고, 정답 칸 안에만 쓰십시오. 글씨가 채점란으로 들어오면 오답처리가 됩니다.

전국한자능력검정시험   급   회 답안지

번호	답안란	번호	답안란	번호	답안란	번호	답안란	번호	답안란	번호	답안란
1		26		51		76		101		126	
2		27		52		77		102		127	
3		28		53		78		103		128	
4		29		54		79		104		129	
5		30		55		80		105		130	
6		31		56		81		106		131	
7		32		57		82		107		132	
8		33		58		83		108		133	
9		34		59		84		109		134	
10		35		60		85		110		135	
11		36		61		86		111		136	
12		37		62		87		112		137	
13		38		63		88		113		138	
14		39		64		89		114		139	
15		40		65		90		115		140	
16		41		66		91		116		141	
17		42		67		92		117		142	
18		43		68		93		118		143	
19		44		69		94		119		144	
20		45		70		95		120		145	
21		46		71		96		121		146	
22		47		72		97		122		147	
23		48		73		98		123		148	
24		49		74		99		124		149	
25		50		75		100		125		150	

감독위원	채점위원(1)		채점위원(2)		채점위원(3)		점수
(서명)	(득점)	(서명)	(득점)	(서명)	(득점)	(서명)	/150

■ 사단법인 한국어문회·한자능력검정회 주관

수험번호 □□□-□□-□□□□   성명 □□□□□
주민등록번호 □□□□□□-□□□□□□□
※ 유성 싸인펜, 붉은색 필기구 사용 불가.
※답안지는 컴퓨터로 처리되므로 구기거나 더럽히지 마시고, 정답 칸 안에만 쓰십시오. 글씨가 채점란으로 들어오면 오답처리가 됩니다.

전국한자능력검정시험   급   회 답안지

번호	답안란	번호	답안란	번호	답안란	번호	답안란	번호	답안란	번호	답안란
1		26		51		76		101		126	
2		27		52		77		102		127	
3		28		53		78		103		128	
4		29		54		79		104		129	
5		30		55		80		105		130	
6		31		56		81		106		131	
7		32		57		82		107		132	
8		33		58		83		108		133	
9		34		59		84		109		134	
10		35		60		85		110		135	
11		36		61		86		111		136	
12		37		62		87		112		137	
13		38		63		88		113		138	
14		39		64		89		114		139	
15		40		65		90		115		140	
16		41		66		91		116		141	
17		42		67		92		117		142	
18		43		68		93		118		143	
19		44		69		94		119		144	
20		45		70		95		120		145	
21		46		71		96		121		146	
22		47		72		97		122		147	
23		48		73		98		123		148	
24		49		74		99		124		149	
25		50		75		100		125		150	

감독위원	채점위원(1)	채점위원(2)	채점위원(3)	점수
(서명)	(득점) (서명)	(득점) (서명)	(득점) (서명)	/150

전국한자능력검정시험 급 회 답안지

번호	답안란	번호	답안란	번호	답안란	번호	답안란	번호	답안란	번호	답안란
1		26		51		76		101		126	
2		27		52		77		102		127	
3		28		53		78		103		128	
4		29		54		79		104		129	
5		30		55		80		105		130	
6		31		56		81		106		131	
7		32		57		82		107		132	
8		33		58		83		108		133	
9		34		59		84		109		134	
10		35		60		85		110		135	
11		36		61		86		111		136	
12		37		62		87		112		137	
13		38		63		88		113		138	
14		39		64		89		114		139	
15		40		65		90		115		140	
16		41		66		91		116		141	
17		42		67		92		117		142	
18		43		68		93		118		143	
19		44		69		94		119		144	
20		45		70		95		120		145	
21		46		71		96		121		146	
22		47		72		97		122		147	
23		48		73		98		123		148	
24		49		74		99		124		149	
25		50		75		100		125		150	

■ 사단법인 한국어문회·한자능력검정회 주관

수험번호 ☐☐☐-☐☐-☐☐☐☐ 성명 ☐☐☐☐☐
주민등록번호 ☐☐☐☐☐☐-☐☐☐☐☐☐☐
※ 유성 싸인펜, 붉은색 필기구 사용 불가.
※답안지는 컴퓨터로 처리되므로 구기거나 더럽히지 마시고, 정답 칸 안에만 쓰십시오. 글씨가 채점란으로 들어오면 오답처리가 됩니다.

전국한자능력검정시험   급   회 답안지

번호	답안란	번호	답안란	번호	답안란	번호	답안란	번호	답안란	번호	답안란
1		26		51		76		101		126	
2		27		52		77		102		127	
3		28		53		78		103		128	
4		29		54		79		104		129	
5		30		55		80		105		130	
6		31		56		81		106		131	
7		32		57		82		107		132	
8		33		58		83		108		133	
9		34		59		84		109		134	
10		35		60		85		110		135	
11		36		61		86		111		136	
12		37		62		87		112		137	
13		38		63		88		113		138	
14		39		64		89		114		139	
15		40		65		90		115		140	
16		41		66		91		116		141	
17		42		67		92		117		142	
18		43		68		93		118		143	
19		44		69		94		119		144	
20		45		70		95		120		145	
21		46		71		96		121		146	
22		47		72		97		122		147	
23		48		73		98		123		148	
24		49		74		99		124		149	
25		50		75		100		125		150	

감독위원	채점위원(1)	채점위원(2)	채점위원(3)	점수
(서명)	(득점) (서명)	(득점) (서명)	(득점) (서명)	/150

전국한자능력검정시험 　급　　회 답안지

번호	답안란	번호	답안란	번호	답안란	번호	답안란	번호	답안란	번호	답안란
1		26		51		76		101		126	
2		27		52		77		102		127	
3		28		53		78		103		128	
4		29		54		79		104		129	
5		30		55		80		105		130	
6		31		56		81		106		131	
7		32		57		82		107		132	
8		33		58		83		108		133	
9		34		59		84		109		134	
10		35		60		85		110		135	
11		36		61		86		111		136	
12		37		62		87		112		137	
13		38		63		88		113		138	
14		39		64		89		114		139	
15		40		65		90		115		140	
16		41		66		91		116		141	
17		42		67		92		117		142	
18		43		68		93		118		143	
19		44		69		94		119		144	
20		45		70		95		120		145	
21		46		71		96		121		146	
22		47		72		97		122		147	
23		48		73		98		123		148	
24		49		74		99		124		149	
25		50		75		100		125		150	

사단법인 한국어문회·한자능력검정회 주관

수험번호 □□□-□□-□□□□　성명 □□□□□

주민등록번호 □□□□□□-□□□□□□□

※ 유성 싸인펜, 붉은색 필기구 사용 불가.

※답안지는 컴퓨터로 처리되므로 구기거나 더럽히지 마시고, 정답 칸 안에만 쓰십시오. 글씨가 채점란으로 들어오면 오답처리가 됩니다.

감독위원	채점위원(1)	채점위원(2)	채점위원(3)	점수
(서명)	(득점) (서명)	(득점) (서명)	(득점) (서명)	/150

■ 사단법인 한국어문회·한자능력검정회 주관

수험번호 □□□-□□-□□□□ 성명 □□□□□
주민등록번호 □□□□□□-□□□□□□□
※ 유성 싸인펜, 붉은색 필기구 사용 불가.

※답안지는 컴퓨터로 처리되므로 구기거나 더럽히지 마시고, 정답 칸 안에만 쓰십시오. 글씨가 채점란으로 들어오면 오답처리가 됩니다.

전국한자능력검정시험 급   회 답안지

번호	답안란	번호	답안란	번호	답안란	번호	답안란	번호	답안란	번호	답안란
1		26		51		76		101		126	
2		27		52		77		102		127	
3		28		53		78		103		128	
4		29		54		79		104		129	
5		30		55		80		105		130	
6		31		56		81		106		131	
7		32		57		82		107		132	
8		33		58		83		108		133	
9		34		59		84		109		134	
10		35		60		85		110		135	
11		36		61		86		111		136	
12		37		62		87		112		137	
13		38		63		88		113		138	
14		39		64		89		114		139	
15		40		65		90		115		140	
16		41		66		91		116		141	
17		42		67		92		117		142	
18		43		68		93		118		143	
19		44		69		94		119		144	
20		45		70		95		120		145	
21		46		71		96		121		146	
22		47		72		97		122		147	
23		48		73		98		123		148	
24		49		74		99		124		149	
25		50		75		100		125		150	

감독위원	채점위원(1)	채점위원(2)	채점위원(3)	점수
(서명)	(득점) (서명)	(득점) (서명)	(득점) (서명)	/150

전국한자능력검정시험 　급　　회 답안지

번호	답안란	번호	답안란	번호	답안란	번호	답안란	번호	답안란	번호	답안란
1		26		51		76		101		126	
2		27		52		77		102		127	
3		28		53		78		103		128	
4		29		54		79		104		129	
5		30		55		80		105		130	
6		31		56		81		106		131	
7		32		57		82		107		132	
8		33		58		83		108		133	
9		34		59		84		109		134	
10		35		60		85		110		135	
11		36		61		86		111		136	
12		37		62		87		112		137	
13		38		63		88		113		138	
14		39		64		89		114		139	
15		40		65		90		115		140	
16		41		66		91		116		141	
17		42		67		92		117		142	
18		43		68		93		118		143	
19		44		69		94		119		144	
20		45		70		95		120		145	
21		46		71		96		121		146	
22		47		72		97		122		147	
23		48		73		98		123		148	
24		49		74		99		124		149	
25		50		75		100		125		150	

사단법인 한국어문회·한자능력검정회 주관

수험번호 □□□-□□-□□□□　성명 □□□□□
주민등록번호 □□□□□□-□□□□□□□
※ 유성 싸인펜, 붉은색 필기구 사용 불가.
※답안지는 컴퓨터로 처리되므로 구기거나 더럽히지 마시고, 정답 칸 안에만 쓰십시오. 글씨가 채점란으로 들어오면 오답처리가 됩니다.

감독위원	채점위원(1)	채점위원(2)	채점위원(3)	점수
(서명)	(득점) (서명)	(득점) (서명)	(득점) (서명)	/150

■ 사단법인 한국어문회·한자능력검정회 주관

수험번호 □□□-□□-□□□□ 성명 □□□□□
주민등록번호 □□□□□□-□□□□□□□ ※ 유성 싸인펜, 붉은색 필기구 사용 불가.
※답안지는 컴퓨터로 처리되므로 구기거나 더럽히지 마시고, 정답 칸 안에만 쓰십시오. 글씨가 채점란으로 들어오면 오답처리가 됩니다.

전국한자능력검정시험   급   회 답안지

번호	답안란	번호	답안란	번호	답안란	번호	답안란	번호	답안란	번호	답안란
1		26		51		76		101		126	
2		27		52		77		102		127	
3		28		53		78		103		128	
4		29		54		79		104		129	
5		30		55		80		105		130	
6		31		56		81		106		131	
7		32		57		82		107		132	
8		33		58		83		108		133	
9		34		59		84		109		134	
10		35		60		85		110		135	
11		36		61		86		111		136	
12		37		62		87		112		137	
13		38		63		88		113		138	
14		39		64		89		114		139	
15		40		65		90		115		140	
16		41		66		91		116		141	
17		42		67		92		117		142	
18		43		68		93		118		143	
19		44		69		94		119		144	
20		45		70		95		120		145	
21		46		71		96		121		146	
22		47		72		97		122		147	
23		48		73		98		123		148	
24		49		74		99		124		149	
25		50		75		100		125		150	

감독위원	채점위원(1)		채점위원(2)		채점위원(3)		점수
(서명)	(득점)	(서명)	(득점)	(서명)	(득점)	(서명)	/150

■ 사단법인 한국어문회·한자능력검정회 주관

수험번호 □□□-□□-□□□□   성명 □□□□□
주민등록번호 □□□□□□-□□□□□□□
※ 유성 싸인펜, 붉은색 필기구 사용 불가.

※답안지는 컴퓨터로 처리되므로 구기거나 더럽히지 마시고, 정답 칸 안에만 쓰십시오. 글씨가 채점란으로 들어오면 오답처리가 됩니다.

전국한자능력검정시험   급   회 답안지

번호	답안란	번호	답안란	번호	답안란	번호	답안란	번호	답안란	번호	답안란
1		26		51		76		101		126	
2		27		52		77		102		127	
3		28		53		78		103		128	
4		29		54		79		104		129	
5		30		55		80		105		130	
6		31		56		81		106		131	
7		32		57		82		107		132	
8		33		58		83		108		133	
9		34		59		84		109		134	
10		35		60		85		110		135	
11		36		61		86		111		136	
12		37		62		87		112		137	
13		38		63		88		113		138	
14		39		64		89		114		139	
15		40		65		90		115		140	
16		41		66		91		116		141	
17		42		67		92		117		142	
18		43		68		93		118		143	
19		44		69		94		119		144	
20		45		70		95		120		145	
21		46		71		96		121		146	
22		47		72		97		122		147	
23		48		73		98		123		148	
24		49		74		99		124		149	
25		50		75		100		125		150	

감독위원	채점위원(1)		채점위원(2)		채점위원(3)		점수
(서명)	(득점)	(서명)	(득점)	(서명)	(득점)	(서명)	/150

■ 사단법인 한국어문회·한자능력검정회 주관

수험번호 ☐☐☐-☐☐-☐☐☐☐ 성명 ☐☐☐☐☐
주민등록번호 ☐☐☐☐☐☐-☐☐☐☐☐☐☐
※ 유성 싸인펜, 붉은색 필기구 사용 불가.
※답안지는 컴퓨터로 처리되므로 구기거나 더럽히지 마시고, 정답 칸 안에만 쓰십시오. 글씨가 채점란으로 들어오면 오답처리가 됩니다.

전국한자능력검정시험   급   회 답안지

번호	답안란	번호	답안란	번호	답안란	번호	답안란	번호	답안란	번호	답안란
1		26		51		76		101		126	
2		27		52		77		102		127	
3		28		53		78		103		128	
4		29		54		79		104		129	
5		30		55		80		105		130	
6		31		56		81		106		131	
7		32		57		82		107		132	
8		33		58		83		108		133	
9		34		59		84		109		134	
10		35		60		85		110		135	
11		36		61		86		111		136	
12		37		62		87		112		137	
13		38		63		88		113		138	
14		39		64		89		114		139	
15		40		65		90		115		140	
16		41		66		91		116		141	
17		42		67		92		117		142	
18		43		68		93		118		143	
19		44		69		94		119		144	
20		45		70		95		120		145	
21		46		71		96		121		146	
22		47		72		97		122		147	
23		48		73		98		123		148	
24		49		74		99		124		149	
25		50		75		100		125		150	

감독위원	채점위원(1)		채점위원(2)		채점위원(3)		점수
(서명)	(득점)	(서명)	(득점)	(서명)	(득점)	(서명)	/150

■ 사단법인 한국어문회·한자능력검정회 주관

수험번호 ☐☐☐-☐☐-☐☐☐☐ 성명 ☐☐☐☐☐
주민등록번호 ☐☐☐☐☐☐-☐☐☐☐☐☐☐
※ 유성 싸인펜, 붉은색 필기구 사용 불가.

※답안지는 컴퓨터로 처리되므로 구기거나 더럽히지 마시고, 정답 칸 안에만 쓰십시오. 글씨가 채점란으로 들어오면 오답처리가 됩니다.

전국한자능력검정시험   급   회 답안지

번호	답안란	번호	답안란	번호	답안란	번호	답안란	번호	답안란	번호	답안란
1		26		51		76		101		126	
2		27		52		77		102		127	
3		28		53		78		103		128	
4		29		54		79		104		129	
5		30		55		80		105		130	
6		31		56		81		106		131	
7		32		57		82		107		132	
8		33		58		83		108		133	
9		34		59		84		109		134	
10		35		60		85		110		135	
11		36		61		86		111		136	
12		37		62		87		112		137	
13		38		63		88		113		138	
14		39		64		89		114		139	
15		40		65		90		115		140	
16		41		66		91		116		141	
17		42		67		92		117		142	
18		43		68		93		118		143	
19		44		69		94		119		144	
20		45		70		95		120		145	
21		46		71		96		121		146	
22		47		72		97		122		147	
23		48		73		98		123		148	
24		49		74		99		124		149	
25		50		75		100		125		150	

감독위원	채점위원(1)		채점위원(2)		채점위원(3)		점수
(서명)	(득점)	(서명)	(득점)	(서명)	(득점)	(서명)	/150

국군 장교 능력평가시험 답안지

※ 수험번호·성명 기입란은 컴퓨터용 사인펜으로 기재하고, 정답 란에는 더 진하게 마지막 답안 란에 작성 후 반드시 등유광으로 선명하게 칠합니다.
※ 응시 예외인, 불응시 평가에 불응기 사용 불가.

수험번호: □□□□□ 성명: □□□□□
주민등록번호: □□□□□□-□□□□□□□

번호	답안란	번호	답안란	번호	답안란	번호	답안란	번호	답안란	번호	답안란
1		26		51		76		101		126	
2		27		52		77		102		127	
3		28		53		78		103		128	
4		29		54		79		104		129	
5		30		55		80		105		130	
6		31		56		81		106		131	
7		32		57		82		107		132	
8		33		58		83		108		133	
9		34		59		84		109		134	
10		35		60		85		110		135	
11		36		61		86		111		136	
12		37		62		87		112		137	
13		38		63		88		113		138	
14		39		64		89		114		139	
15		40		65		90		115		140	
16		41		66		91		116		141	
17		42		67		92		117		142	
18		43		68		93		118		143	
19		44		69		94		119		144	
20		45		70		95		120		145	
21		46		71		96		121		146	
22		47		72		97		122		147	
23		48		73		98		123		148	
24		49		74		99		124		149	
25		50		75		100		125		150	
감독확인 (사인)		채점확인(1) (능점)(사인)		채점확인(2) (능점)(사인)		채점확인(3) (능점)(사인)		점수			

/150

■ 사단법인 한국어문회·한자능력검정회 주관

수험번호 □□□-□□-□□□□
성명 □□□□□
주민등록번호 □□□□□□-□□□□□□□
※ 유성 싸인펜, 붉은색 필기구 사용 불가.

※답안지는 컴퓨터로 처리되므로 구기거나 더럽히지 마시고, 정답 칸 안에만 쓰십시오. 글씨가 채점란으로 들어오면 오답처리가 됩니다.

전국한자능력검정시험   급   회 답안지

번호	답안란	번호	답안란	번호	답안란	번호	답안란	번호	답안란	번호	답안란
1		26		51		76		101		126	
2		27		52		77		102		127	
3		28		53		78		103		128	
4		29		54		79		104		129	
5		30		55		80		105		130	
6		31		56		81		106		131	
7		32		57		82		107		132	
8		33		58		83		108		133	
9		34		59		84		109		134	
10		35		60		85		110		135	
11		36		61		86		111		136	
12		37		62		87		112		137	
13		38		63		88		113		138	
14		39		64		89		114		139	
15		40		65		90		115		140	
16		41		66		91		116		141	
17		42		67		92		117		142	
18		43		68		93		118		143	
19		44		69		94		119		144	
20		45		70		95		120		145	
21		46		71		96		121		146	
22		47		72		97		122		147	
23		48		73		98		123		148	
24		49		74		99		124		149	
25		50		75		100		125		150	

감독위원	채점위원(1)		채점위원(2)		채점위원(3)		점수
(서명)	(득점)	(서명)	(득점)	(서명)	(득점)	(서명)	/150

전국한자능력검정시험 　급　　회 답안지

번호	답안란	번호	답안란	번호	답안란	번호	답안란	번호	답안란	번호	답안란
1		26		51		76		101		126	
2		27		52		77		102		127	
3		28		53		78		103		128	
4		29		54		79		104		129	
5		30		55		80		105		130	
6		31		56		81		106		131	
7		32		57		82		107		132	
8		33		58		83		108		133	
9		34		59		84		109		134	
10		35		60		85		110		135	
11		36		61		86		111		136	
12		37		62		87		112		137	
13		38		63		88		113		138	
14		39		64		89		114		139	
15		40		65		90		115		140	
16		41		66		91		116		141	
17		42		67		92		117		142	
18		43		68		93		118		143	
19		44		69		94		119		144	
20		45		70		95		120		145	
21		46		71		96		121		146	
22		47		72		97		122		147	
23		48		73		98		123		148	
24		49		74		99		124		149	
25		50		75		100		125		150	

사단법인 한국어문회 · 한자능력검정회 주관

수험번호 □□□-□□-□□□□　　성명 □□□□□
주민등록번호 □□□□□□-□□□□□□□
※ 유성 싸인펜, 붉은색 필기구 사용 불가.

※답안지는 컴퓨터로 처리되므로 구기거나 더럽히지 마시고, 정답 칸 안에만 쓰십시오. 글씨가 채점란으로 들어오면 오답처리가 됩니다.

감독위원	채점위원(1)	채점위원(2)	채점위원(3)	점수
(서명)	(득점) (서명)	(득점) (서명)	(득점) (서명)	/150

전국한자능력검정시험 급 회 답안지

번호	답안란	번호	답안란	번호	답안란	번호	답안란	번호	답안란	번호	답안란
1		26		51		76		101		126	
2		27		52		77		102		127	
3		28		53		78		103		128	
4		29		54		79		104		129	
5		30		55		80		105		130	
6		31		56		81		106		131	
7		32		57		82		107		132	
8		33		58		83		108		133	
9		34		59		84		109		134	
10		35		60		85		110		135	
11		36		61		86		111		136	
12		37		62		87		112		137	
13		38		63		88		113		138	
14		39		64		89		114		139	
15		40		65		90		115		140	
16		41		66		91		116		141	
17		42		67		92		117		142	
18		43		68		93		118		143	
19		44		69		94		119		144	
20		45		70		95		120		145	
21		46		71		96		121		146	
22		47		72		97		122		147	
23		48		73		98		123		148	
24		49		74		99		124		149	
25		50		75		100		125		150	

■ 사단법인 한국어문회·한자능력검정회 주관

수험번호 □□□-□□-□□□□ 성명 □□□□□
주민등록번호 □□□□□□-□□□□□□□
※ 유성 싸인펜, 붉은색 필기구 사용 불가.
※답안지는 컴퓨터로 처리되므로 구기거나 더럽히지 마시고, 정답 칸 안에만 쓰십시오. 글씨가 채점란으로 들어오면 오답처리가 됩니다.

전국한자능력검정시험   급   회 답안지

번호	답안란	번호	답안란	번호	답안란	번호	답안란	번호	답안란	번호	답안란
1		26		51		76		101		126	
2		27		52		77		102		127	
3		28		53		78		103		128	
4		29		54		79		104		129	
5		30		55		80		105		130	
6		31		56		81		106		131	
7		32		57		82		107		132	
8		33		58		83		108		133	
9		34		59		84		109		134	
10		35		60		85		110		135	
11		36		61		86		111		136	
12		37		62		87		112		137	
13		38		63		88		113		138	
14		39		64		89		114		139	
15		40		65		90		115		140	
16		41		66		91		116		141	
17		42		67		92		117		142	
18		43		68		93		118		143	
19		44		69		94		119		144	
20		45		70		95		120		145	
21		46		71		96		121		146	
22		47		72		97		122		147	
23		48		73		98		123		148	
24		49		74		99		124		149	
25		50		75		100		125		150	

감독위원	채점위원(1)		채점위원(2)		채점위원(3)		점수
(서명)	(득점)	(서명)	(득점)	(서명)	(득점)	(서명)	/150

모의고사문제정답

3Ⅱ 제1회

#	답	#	답	#	답
1	삼만	51	관청 청	101	解答
2	오한	52	언덕 아	102	希望
3	표지	53	한 한	103	表
4	강철	54	섞을 혼	104	好/善
5	계몽	55	까마귀 오	105	福
6	관통	56	다를 수	106	呼
7	기암	57	일컬을 칭	107	賢
8	세뇌	58	비낄 사	108	貯蓄
9	독려	59	폐단 폐	109	應答
10	맥반	60	겨를 가	110	平等
11	문상	61	서늘할 량	111	溫暖
12	문맹	62	그릴 모	112	兄弟
13	몰락	63	열흘 순	113	臣
14	도화	64	아름다울 가	114	雪
15	담어	65	옥 옥	115	子
16	기반	66	자주 루	116	接
17	관장	67	펼 술	117	婦
18	계관	68	어긋날 착	118	樂
19	강유	69	날릴 양	119	夜
20	복통	70	보낼 수	120	氣
21	비율	71	폐할 폐	121	馬
22	선배	72	공교할 교	122	破
23	아집	73	施設	123	路
24	쾌락	74	經驗	124	康
25	운수	75	逆行	125	減
26	의뢰	76	演技	126	住
27	우환	77	留學	127	監
28	아주	78	意圖	128	①
29	순면	79	作業	129	②
30	석탑	80	低空	130	④
31	비염	81	提議	131	②
32	복개	82	鳥類	132	③
33	졸도	83	都市	133	現狀
34	적발	84	美麗	134	後代
35	저항	85	報恩	135	進水
36	질병	86	寺院	136	知舊
37	진정	87	省察	137	主導
38	탄창	88	農協	138	간절히 청함
39	숙배	89	改築	139	아침밥
40	후보	90	功德	140	곧은 절개
41	선율	91	國寶	141	끼어들다
42	현판	92	努力	142	이바지
43	저자	93	創造	143	士
44	종주	94	體操	144	齊
45	비범	95	總計	145	厶
46	휘두를 휘	96	親切	146	厂
47	물결 파	97	侵害	147	角
48	지혜 지	98	他鄕	148	独/芸
49	창자 장	99	限界	149	虚/実
50	꺾을 절	100	航路	150	状/将

3Ⅱ 제2회

#	답	#	답	#	답
1	경솔	51	점 점	101	街頭
2	상장	52	사양할 양	102	加勢
3	상쇄	53	삼 마	103	反
4	장려	54	짤 직	104	集
5	희롱	55	떠날 리	105	退
6	흉위	56	판단할 판	106	減
7	강릉	57	굽힐 굴	107	眞
8	계곡	58	선비 유	108	承認
9	감촉	59	주먹 권	109	失敗
10	감정	60	국화 국	110	暗黑
11	경지	61	무늬 문	111	原因
12	관습	62	말 사	112	自立
13	운율	63	무역할 무	113	義
14	노임	64	근심 우	114	觀
15	도예	65	오를 승	115	親
16	관서	66	주울 습	116	石/上
17	도모	67	물결 랑	117	別
18	매체	68	욕될 욕	118	無
19	물론	69	빚 채	119	序
20	묵화	70	눈깜짝할 순	120	亡/盛
21	장막	71	연이을 련	121	防
22	보상	72	채색 채	122	首/苦
23	비명	73	卓球	123	歌
24	보급	74	形態	124	固
25	비료	75	總理	125	續
26	석방	76	寸志	126	經
27	숙달	77	製品	127	約
28	아부	78	再起	128	②
29	아량	79	位置	129	③
30	연혁	80	葉書	130	④
31	연주	81	食器	131	②
32	우주	82	申告	132	①
33	의혹	83	細心	133	絶世
34	음습	84	所願	134	傳統
35	연재	85	參萬	135	正堂
36	연약	86	常識	136	祖師
37	연애	87	保護	137	造花
38	족보	88	奉仕	138	적은 이익
39	진앙	89	未安	139	요즈음
40	침묵	90	美容	140	자기를 이김
41	포함	91	毒藥	141	지름
42	포졸	92	獨創	142	일의 항목
43	횡재	93	老眼	143	而
44	체증	94	論爭	144	辛
45	진술	95	國際	145	支
46	깨달을 각	96	軍隊	146	女
47	부호 부	97	課外	147	走
48	알 란	98	交友	148	応/圧
49	들을 청	99	開票	149	団/貭
50	분할 분	100	健康	150	昷/陰

3Ⅱ 제3회

#	답	#	답	#	답
1	이두	51	오로지 전	101	擧動
2	녹차	52	탈 연	102	假面
3	척살	53	깨달을 오	103	衆
4	희열	54	기울 보	104	早
5	희극	55	누이 매	105	將
6	재판	56	기록할 지	106	任
7	재배	57	막을 거	107	陰
8	조항	58	거울 경	108	精神
9	체납	59	마칠 필	109	密集
10	조정	60	젖 유	110	和解
11	진설	61	나 아	111	保守
12	포항	62	잠잠할 묵	112	生産
13	침투	63	꾸밀 식	113	賢
14	폐렴	64	긴뱀 사	114	忠
15	현수	65	어찌 하	115	惡
16	헌혈	66	꾀 모	116	退
17	횡단	67	대개 개	117	置
18	회개	68	벼리 강	118	支
19	황당	69	새 금	119	態
20	폐쇄	70	깎을 삭	120	林
21	정절	71	화로 로	121	他
22	칠판	72	넓힐 척	122	同
23	침대	73	祭典	123	橋
24	철저	74	助手	124	過
25	재롱	75	宗教	125	虛
26	장엄	76	再拜	126	高
27	지혜	77	敵軍	127	思
28	의역	78	銀行	128	④
29	음향	79	恩惠	129	④
30	음란	80	應答	130	①
31	융창	81	義理	131	①
32	우려	82	英雄	132	②
33	연변	83	藝術	133	戰時
34	수의	84	深夜	134	展示
35	수연	85	害蟲	135	全員
36	비고	86	許可	136	全院
37	긴급	87	統計	137	田園
38	보감	88	通貨	138	난초의 향기
39	수양	89	責任	139	그리워함
40	서보	90	鐵道	140	민간의 풍속
41	별도	91	聖火	141	임금의 명령
42	무역	92	稅金	142	마음에 새김
43	무안	93	師弟	143	舟
44	도기	94	寫眞	144	臣
45	근신	95	本論	145	鳥
46	새길 각	96	博士	146	玄
47	따를 수	97	單價	147	豕
48	샐 루	98	局限	148	观/权
49	샘 천	99	近接	149	伝/変
50	비평할 비	100	公認	150	両/満

모의고사문제정답

3Ⅱ 제4회

#	답	#	답	#	답
1	북신	51	좇을 종	101	舍監
2	탁본	52	간략할 간	102	山脈
3	요새	53	탄알 탄	103	亡
4	강림	54	붙을 부	104	末
5	강경	55	집 우	105	黨
6	감옥	56	힘쓸 면	106	衆
7	경작	57	다할 진	107	救
8	경적	58	넘을 월	108	對話
9	관록	59	밥통 위	109	單純
10	근간	60	겨룰 항	110	內容
11	극심	61	얕을 천	111	義務
12	노숙	62	경기 기	112	小人
13	노비	63	거느릴 어	113	現
14	도치	64	엷을 박	114	恩
15	도하	65	하늘 건	115	石
16	망루	66	먹 묵	116	急
17	망령	67	희롱할 롱	117	往
18	무성	68	맡길 위	118	頭
19	무대	69	옮길 천	119	自
20	비만	70	두 쌍	120	命
21	석별	71	벨 할	121	左
22	수식	72	갚을 상	122	勢
23	우아	73	保全	123	門
24	율곡	74	備考	124	福
25	윤리	75	密約	125	應
26	윤택	76	面接	126	鄕
27	염량	77	到着	127	陽
28	심판	78	無敵	128	①
29	수시	79	團結	129	④
30	벽계	80	規律	130	①
31	상엽	81	禁煙	131	②
32	연서	82	共助	132	③
33	우직	83	過程	133	認知
34	유치	84	建設	134	長官
35	연모	85	缺禮	135	財團
36	수송	86	歌謠	136	前期
37	운니	87	賢明	137	傳記
38	법정	88	宅地	138	빈칸
39	백부	89	創業	139	부끄러운일
40	음담	90	制限	140	액체로됨
41	분발	91	尊敬	141	빌려줌
42	상궁	92	角度	142	강의를보충함
43	상봉	93	議員	143	口
44	역시	94	意志	144	比
45	용맹	95	逆風	145	戈
46	경영할 영	96	硏究	146	髟
47	다할 궁	97	詩集	147	鼓
48	갈 마	98	案件	148	広/仏
49	돌 순	99	聖經	149	教/万
50	곡식 곡	100	稅法	150	檢/驗

3Ⅱ 제5회

#	답	#	답	#	답
1	보시	51	인륜 륜	101	試驗
2	성수	52	맞을 영	102	百濟
3	변비	53	남을 잔	103	使用
4	후회	54	모양 모	104	原因
5	회의	55	자리 좌	105	朝鮮
6	황제	56	벗을 탈	106	世宗
7	환율	57	덮을 복	107	創製
8	현무	58	빛날 화	108	階層
9	현격	59	모두 제	109	特殊
10	폐광	60	수풀 삼	110	고집
11	침몰	61	밝을 철	111	實狀
12	청정	62	도둑 적	112	民族
13	진동	63	빠질 함	113	傳統
14	직경	64	뛰어날 걸	114	文化
15	조수	65	머금을 함	115	유산
16	용서	66	언덕 안	116	生活
17	재단	67	우레 뢰	117	관습
18	장식	68	붙을 속	118	學問
19	은인	69	잃을 상	119	大部分
20	과시	70	빌 기	120	正確
21	조루	71	그윽할 유	121	知識
22	연마	72	의뢰할 뢰	122	關心事
23	신판	73	野	123	계승
24	수필	74	榮	124	過去
25	변천	75	愛	125	관점
26	불상	76	慶	126	敎育
27	아담	77	安	127	當然
28	상거	78	深	128	③
29	상국	79	非	129	③
30	분란	80	勝	130	①
31	왕비	81	除	131	④
32	유혹	82	逆	132	②
33	무림	83	配	133	引上
34	묵향	84	盛	134	里長
35	만취	85	髮	135	意思
36	농담	86	報	136	有形
37	노골	87	守	137	元祖
38	덕택	88	無	138	말할필요없음
39	대좌	89	境	139	늘
40	노역	90	日	140	잔치자리
41	도니	91	重	141	세금
42	급제	92	仙	142	아깝게지다
43	기계	93	味	143	白
44	기강	94	達	144	音
45	계도	95	合	145	立
46	방패 간	96	弱	146	片
47	전각 전	97	頭	147	白
48	넘어질 도	98	理由	148	来/数
49	간략할 략	99	時代	149	争/発
50	연할 연	100	以前	150	仝/悪

3Ⅱ 제6회

#	답	#	답	#	답
1	갱생	51	족보 보	101	財産
2	반야	52	볼 간	102	貯蓄
3	항복	53	칠 공	103	收
4	개념	54	배 복	104	授
5	개막	55	양식 량	105	給
6	거리	56	사사 사	106	首
7	계수	57	모양 상	107	送
8	계약	58	다락 루	108	惡材
9	고무	59	긴할 긴	109	過去
10	광란	60	장수 수	110	建設
11	괴이	61	항상 항	111	極貧
12	교각	62	버금 아	112	後退
13	교묘	63	기와 와	113	上/子
14	기업	64	문서 권	114	良
15	기원	65	멀 유	115	終/始
16	기적	66	숨을 은	116	守
17	뇌리	67	이랑 경	117	手
18	누각	68	꾈 유	118	名
19	독사	69	무리 배	119	田/海
20	어량	70	억조 조	120	事
21	맥아	71	벼리 유	121	本
22	맹랑	72	겸손할 겸	122	禮
23	맹점	73	可視	123	說
24	현몽	74	參席	124	走
25	미소	75	監督	125	悲
26	봉쇄	76	感謝	126	次
27	부각	77	檢査	127	助
28	비장	78	競技	128	②
29	사막	79	改造	129	⑤
30	선양	80	空軍	130	⑦
31	설욕	81	公布	131	⑧
32	순찰	82	急流	132	⑩
33	술책	83	近處	133	年長
34	안일	84	綠陰	134	料理
35	암벽	85	單獨	135	容器
36	애석	86	都邑	136	友情
37	열탕	87	同窓	137	原因
38	염증	88	博愛	138	만일
39	원단	89	訪問	139	얼굴빛
40	월권	90	方法	140	꾸밈
41	협찬	91	復活	141	얼어붙음
42	혜택	92	佛經	142	활짝핌
43	호걸	93	商船	143	夕
44	풍상	94	賞狀	144	言
45	피아	95	素朴	145	龍
46	고리 환	96	消費	146	酉
47	찾을 탐	97	新羅	147	聿
48	화목할 목	98	眼科	148	労/栄
49	두루 주	99	連續	149	対/古
50	섞일 잡	100	有能	150	師/賢

모의고사문제정답

3Ⅱ 제7회

#	답	#	답	#	답
1	낙토	51	밤 률	101	忠臣
2	설탕	52	책 권	102	蟲齒
3	철삭	53	빠질 몰	103	盛
4	호도	54	묘할 묘	104	密
5	호소	55	소나무 송	105	益
6	풍엽	56	봉우리 봉	106	生
7	품사	57	위엄 위	107	罰
8	피해	58	밭갈 경	108	絶對
9	탈고	59	자세할 상	109	出席
10	탈환	60	기이할 기	110	進步
11	통곡	61	용서할 서	111	必然
12	초월	62	짐승 수	112	最初
13	촉박	63	이마 액	113	足
14	추모	64	마을 서	114	心
15	집권	65	바위 암	115	以
16	징후	66	편안 녕	116	斷
17	차변	67	오히려 유	117	利
18	주권	68	느릴 완	118	麗
19	차제	69	골 뇌	119	見
20	주조	70	북돋을 배	120	觀
21	죽염	71	번성할 번	121	背
22	전염	72	달 현	122	笑
23	점증	73	操業	123	潔
24	접촉	74	走者	124	思
25	이왕	75	住宅	125	選
26	인쇄	76	準備	126	回
27	임시	77	傳說	127	使
28	흥분	78	展示	128	①
29	위장	79	前提	129	④
30	위태	80	應用	130	⑤
31	영남	81	恩師	131	⑦
32	애조	82	議題	132	⑨
33	악질	83	連打	133	首都
34	순항	84	誤記	134	是非
35	습격	85	外壓	135	失禮
36	사과	86	要請	136	演技
37	사시	87	運動	137	煙氣
38	세균	88	新房	138	갑자기
39	선사	89	安全	139	거친들판
40	봉변	90	液體	140	남는돈
41	숭상	91	藥局	141	빚
42	미천	92	洋服	142	임금의얼굴
43	맥주	93	護國	143	田
44	맹금	94	確信	144	谷
45	누차	95	休息	145	干
46	감히 감	96	通達	146	日
47	구멍 공	97	特別	147	飛
48	건널 도	98	敗北	148	経/軽
49	생각할 려	99	包容	149	児/関
50	미리 예	100	秋夕	150	亽/写

3Ⅱ 제8회

#	답	#	답	#	답
1	통찰	51	높을 륭	101	個性
2	탁지	52	위태할 위	102	溫帶
3	진솔	53	넉넉할 우	103	弟
4	묵계	54	꿈 몽	104	富
5	가공	55	매울 렬	105	婦
6	위협	56	대롱 관	106	背
7	황량	57	만날 봉	107	圓
8	맹호	58	고요할 정	108	敗因
9	부속	59	열 계	109	原告
10	독일	60	서리 상	110	自律
11	독촉	61	밟을 리	111	野黨
12	돌변	62	진흙 니	112	急行
13	누전	63	목숨 수	113	斷
14	능곡	64	무릇 범	114	數
15	기초	65	푸를 벽	115	相
16	묘혈	66	가운데 앙	116	走
17	구류	67	아낄 석	117	價
18	고취	68	풀 석	118	器
19	고종	69	음란할 음	119	福
20	개봉	70	법 헌	120	患
21	수이	71	찌를 충	121	面
22	검색	72	저울대 형	122	深
23	가불	73	放送	123	高
24	혼수	74	民謠	124	承
25	정서	75	防衛	125	施
26	안녕	76	訪韓	126	驗
27	애수	77	配給	127	信
28	습도	78	滿船	128	①
29	세리	79	明堂	129	⑤
30	사악	80	牧童	130	⑦
31	박대	81	物件	131	⑩
32	이월	82	得男	132	⑫
33	인내	83	寶貨	133	死守
34	절정	84	不當	134	商街
35	점차	85	非理	135	上場
36	주산	86	伐草	136	素材
37	주청	87	壁紙	137	所在
38	집착	88	事務	138	날밤
39	징조	89	誠金	139	뜨는 힘
40	착시	90	神聖	140	싸움에임함
41	초순	91	俗談	141	또한
42	초연	92	修身	142	구름같이모임
43	주식	93	端午	143	心
44	피혁	94	擔任	144	止
45	혜안	95	對決	145	水
46	격할 격	96	記者	146	甘
47	돌아갈 귀	97	期限	147	十
48	얼 동	98	觀光	148	楽/薬
49	무덤 묘	99	敎養	149	无/㞢
50	칭송할 송	100	經濟	150	礼/旧

3Ⅱ 제9회

#	답	#	답	#	답
1	통솔	51	어두울 몽	101	呼名
2	패배	52	표할 표	102	連
3	구두	53	책 책	103	壓
4	호란	54	새 봉	104	康
5	호협	55	쌓을 적	105	眼
6	하례	56	험할 험	106	束
7	피차	57	치마 상	107	副業
8	탐색	58	나아갈 취	108	是認
9	총검	59	계수나무 계	109	後天
10	징집	60	근심 수	110	歲入
11	착오	61	선 선	111	逆行
12	중개	62	빼어날 수	112	動
13	정복	63	우러를 앙	113	武
14	맹타	64	시내 계	114	暗
15	동면	65	날개 익	115	得
16	기획	66	욕심 욕	116	常
17	괴담	67	불 취	117	世
18	누계	68	흙덩이 양	118	斷
19	가사	69	붉을 단	119	書
20	미묘	70	쇠불릴 주	120	交
21	봉인	71	트일 소	121	禮
22	소주	72	취할 취	122	登
23	염소	73	價格	123	樂
24	염주	74	感想	124	群
25	영결	75	減員	125	祭
26	사양	76	江邊	126	過
27	이수	77	開放	127	復興/復活
28	죽도	78	古宮	128	復習/復職
29	이윤	79	慶祝	129	殺害/暗殺
30	희귀	80	景氣	130	減殺/相殺
31	희수	81	校監	131	形狀/狀態
32	부과	82	廣場	132	賞狀/答狀
33	승객	83	觀察	133	不到
34	야채	84	交流	134	婦道
35	약관	85	郡守	135	思考
36	부기	86	汽車	136	四苦
37	선회	87	代表	137	事故
38	곡성	88	端正	138	속/안
39	가설	89	次例	139	초봄(이른봄)
40	격려	90	指導	140	설날아침
41	개략	91	中部	141	바로그때
42	영상	92	原始	142	붓을잡고글을씀
43	탕약	93	精神	143	乙
44	하역	94	早期	144	用
45	임박	95	制度	145	儿
46	장려할 장	96	任務	146	至
47	증거 증	97	溫室	147	禾
48	언덕 릉	98	圓卓	148	声/処
49	아플 통	99	兩親	149	覚/参
50	재 회	100	情報	150	仮/担

모의고사문제정답

3Ⅱ 제10회

#	답	#	답	#	답
1	유세	51	작을 미	101	理解
2	연즉	52	버리 기	102	聖賢
3	부흥	53	놀랄 경	103	實際
4	간장	54	뜰 부	104	幸福
5	감면	55	아재비숙	105	始作
6	감별	56	칠 박	106	起運
7	겸직	57	실마리서	107	물론
8	겸허	58	심할 극	108	充滿
9	경대	59	호소할소	109	限量
10	모양	60	엄습할습	110	賣名
11	모함	61	울 곡	111	目的
12	목단	62	맑을 담	112	知識
13	막심	63	당나라당	113	社會
14	몰두	64	얽을 구	114	공헌
15	만종	65	불사를소	115	원망
16	돌격	66	운 운	116	時代
17	낭비	67	찔 증	117	意義
18	귀신	68	되살아날소	118	東洋
19	배역	69	어릴 치	119	傳統
20	부유	70	값 치	120	科學
21	불공	71	넋 혼	121	態度
22	상아	72	밟을 답	122	比重
23	약술	73	鄕	123	경박
24	연가	74	貴	124	冷情
25	와해	75	低	125	反省
26	왕릉	76	防	126	必要
27	용모	77	來	127	音樂/風樂
28	잠적	78	臣	128	樂土/樂園
29	제막	79	婦	129	不安/不眠
30	제수	80	起	130	不動/不同
31	제창	81	民	131	便利/不便
32	증세	82	單	132	便所/大便
33	지문	83	暖	133	發展
34	채색	84	永	134	訪問
35	창간	85	考	135	報告
36	철야	86	續	136	百方
37	천도	87	硏	137	首相
38	치욕	88	後	138	천천히감
39	평형	89	送	139	달여서먹는한약
40	편직	90	下	140	큰물
41	친척	91	億	141	일정한수나한도를넘음
42	판권	92	才	142	주춧돌/머릿돌
43	축하	93	空	143	麻
44	책력	94	爭	144	疋
45	항상	95	地	145	香
46	의지할의	96	命	146	儿
47	더불 여	97	曲	147	革
48	넓을 막	98	提示	148	余/図
49	법 범	99	復習	149	党/灯
50	넓을 보	100	眞正	150	麗/断

3Ⅱ 제11회

#	답	#	답	#	답
1	다기	51	살필 심	101	參戰
2	생략	52	납 연	102	祭壇
3	포악	53	도둑 도	103	開
4	검술	54	물따라갈연	104	苦
5	사련	55	섬돌 계	105	加
6	맹춘	56	도망 도	106	可
7	누적	57	기쁠 열	107	滿
8	기타	58	대 대	108	單式
9	승선	59	송사할송	109	落選
10	구속	60	넉넉할유	110	登山
11	원고	61	인쇄할쇄	111	放心
12	위증	62	봉할 봉	112	報恩
13	애통	63	부드러울유	113	餘
14	승낙	64	잘 침	114	黑
15	소등	65	부릴 역	115	言
16	사랑	66	구를 전	116	想
17	사욕	67	못 지	117	生
18	발광	68	귀신 귀	118	源
19	호연	69	버섯 균	119	秋
20	통역	70	질그릇도	120	床
21	주철	71	아침 단	121	身
22	중도	72	견딜 내	122	福
23	정숙	73	自由	123	患
24	임대	74	義務	124	盛
25	희박	75	次官	125	聲
26	면도	76	西洋	126	愛
27	동상	77	悲觀	127	態
28	다채	78	禮節	128	③
29	긴축	79	着陸	129	①
30	교환	80	野望	130	④
31	어명	81	試圖	131	②
32	영예	82	待接	132	①
33	부록	83	貧村	133	同鄕
34	승단	84	醫保	134	銅貨
35	소련	85	移動	135	同化
36	기억	86	吸煙	136	童畵
37	찬성	87	表決	137	童話
38	중매	88	受賞	138	가지와잎
39	유곡	89	週末	139	바람과서리
40	유구	90	起立	140	도읍을옮김
41	영향	91	指示	141	눈깜짝할사이
42	양보	92	波高	142	얼음이풀림
43	사주	93	血稅	143	豕
44	혼령	94	小說	144	隹
45	고승	95	病院	145	弓
46	손위누이자	96	個別	146	行
47	놀 유	97	親舊	147	一
48	모실 시	98	五味	148	区/気
49	지경 역	99	雲集	149	辺/済
50	질 부	100	財政	150	収/為

3Ⅱ 제12회

#	답	#	답	#	답
1	솔선	51	거울 감	101	賞罰
2	편이	52	뜻 취	102	決定
3	횡포	53	층 층	103	續
4	가절	54	자랑할과	104	誤
5	격차	55	짧을 조	105	尊
6	곡창	56	바늘 침	106	凶
7	국화	57	북 고	107	悲
8	긴박	58	다를 이	108	朗讀
9	연마	59	부칠 부	109	輕視
10	동파	60	두려울공	110	落第
11	면제	61	역 역	111	客觀
12	유령	62	경계할계	112	開會
13	어전	63	비단 금	113	道
14	소반	64	바칠 공	114	間
15	삭감	65	자줏빛자	115	黨
16	부설	66	꾀할 기	116	事
17	발아	67	잠깐 잠	117	待
18	홀연	68	보리 맥	118	一
19	통증	69	빼앗을탈	119	樹
20	추상	70	문서 부	120	萬
21	찬양	71	바꿀 환	121	房
22	중앙	72	쇠사슬쇄	122	難
23	정적	73	禁止	123	伐
24	임종	74	敎育	124	財
25	희수	75	榮光	125	蓄
26	홍도	76	慶祝	126	留/止
27	투철	77	禮式場	127	將
28	추억	78	熱氣	128	④
29	즉각	79	立法府	129	②
30	정제	80	意向	130	③
31	유연	81	出産	131	①
32	어획	82	快速	132	④
33	승복	83	送年	133	訪韓
34	이발	84	取得	134	獨走
35	복습	85	初期	135	對戰
36	방도	86	參考	136	基地
37	멸균	87	當選	137	氣志
38	두뇌	88	到達	138	특별히다름
39	단서	89	聖母	139	참고견딤
40	곤욕	90	密集	140	술에취한사람
41	공경	91	記錄	141	직장에나아감
42	결별	92	樂勝	142	재앙의근원
43	가치	93	支社	143	口
44	공교	94	至極	144	心
45	단장	95	效果	145	木
46	임금 제	96	約束	146	刂
47	피곤할피	97	忠誠	147	長
48	줄기 간	98	消火	148	国/宝
49	형벌 형	99	具備	149	脈/真
50	조수 조	100	旅行	150	昼/体

모의고사문제정답

3Ⅱ 제13회

#	답	#	답	#	답
1	갱지	51	달릴 분	101	貧富
2	계획	52	어질 인	102	對話
3	십만	53	계절 계	103	暖
4	가약	54	떨칠 분	104	眞
5	각광	55	모양 자	105	親
6	고봉	56	높을 존	106	實
7	공룡	57	핍박할 박	107	主
8	국록	58	마루 종	108	退場
9	군림	59	씩씩할 장	109	悲觀
10	긴요	60	소반 반	110	共用
11	길조	61	사무칠 투	111	求心
12	면밀	62	잔치 연	112	可決
13	반경	63	밥 반	113	怒/士
14	부동	64	그리워할 련	114	死
15	사회	65	놀이 희	115	快
16	억압	66	단장할 장	116	斗
17	영혼	67	임할 림	117	破
18	오심	68	떳떳할 상	118	食
19	유예	69	늦을 만	119	命
20	자객	70	중매 매	120	席
21	자당	71	들보 량	121	問
22	참선	72	힘쓸 려	122	秋
23	추적	73	勞動	123	稅
24	특수	74	引上	124	祭
25	하필	75	基準	125	作
26	홍삼	76	建築	126	王
27	한적	77	戰爭	127	政
28	파급	78	齒科	128	②
29	축사	79	停止	129	②
30	즉시	80	隊長	130	③
31	잠간	81	表情	131	①
32	잠복	82	改善	132	④
33	제공	83	法律	133	苦思
34	증발	84	落鄕	134	考査
35	부양	85	方案	135	故事
36	살균	86	非行	136	科擧
37	삼엄	87	回想	137	極端
38	소송	88	滿足	138	이른바
39	신랑	89	航路	139	큰아버지
40	신뢰	90	文武	140	학춤
41	여관	91	風景	141	돈을 바꿈
42	온유	92	地境	142	철새
43	유적	93	視線	143	高
44	와당	94	名分	144	夕
45	등정	95	利益	145	土
46	들일 납	96	明暗	146	女
47	층계 단	97	精誠	147	口
48	부세 부	98	官職	148	売/読
49	겹칠 복	99	測量	149	続/価
50	닭 계	100	防音	150	画/円

3Ⅱ 제14회

#	답	#	답	#	답
1	생신	51	닮을 초	101	檢印
2	쇄도	52	주춧돌 초	102	結義
3	난이	53	쫓을 추	103	病
4	간부	54	우레 진	104	寶
5	간격	55	부를 징	105	進
6	각오	56	깨끗할 정	106	極
7	간염	57	가지런할 제	107	惡
8	결렬	58	조세 조	108	敗北
9	겸무	59	도울 찬	109	快樂
10	공급	60	곁 측	110	子正
11	공헌	61	옷 칠	111	自然
12	협박	62	탑 탑	112	遠交
13	권유	63	푸를 창	113	同
14	권총	64	꾀 책	114	合
15	나상	65	기둥 주	115	興
16	낙뢰	66	아뢸 주	116	靑
17	납량	67	끓을 탕	117	夕
18	기발	68	친척 척	118	斷
19	답사	69	천할 천	119	身
20	당돌	70	막힐 체	120	知
21	융성	71	판목 판	121	頭
22	막강	72	치우칠 편	122	足
23	모략	73	豊滿	123	奉
24	유치	74	絶景	124	切
25	음력	75	誤答	125	自
26	우익	76	兩面	126	衆
27	요강	77	孝道	127	發
28	욕정	78	旅客	128	①
29	여운	79	應試	129	④
30	역습	80	將來	130	②
31	실토	81	除隊	131	④
32	신중	82	政黨	132	②
33	승무	83	講壇	133	加設
34	순보	84	序論	134	經費
35	수련	85	牧場	135	古家
36	쇠퇴	86	消防	136	空器
37	쇄신	87	廣告	137	工期
38	소통	88	關係	138	곳집
39	상세	89	淸潔	139	오래삶
40	부적	90	常習	140	가슴부위
41	부칙	91	光復	141	두루마기
42	부패	92	平床	142	참견않고보기만함
43	배구	93	是認	143	比
44	특징	94	夫婦	144	鬼
45	함축	95	引導	145	乙
46	말씀 변	96	志願	146	丁
47	다만 단	97	路邊	147	兩
48	이어맬 계	98	伐木	148	単/战(戦)
49	조정 정	99	論議	149	鉄/会
50	베풀 진	100	障壁	150	総/虫

3Ⅱ 제15회

#	답	#	답	#	답
1	증오	51	갑자기 홀	101	業務
2	가신	52	어른 장	102	政治
3	현치	53	심을 재	103	百姓
4	홍역	54	돌아올 환	104	위험
5	화장	55	고요할 적	105	節約
6	화랑	56	피리 적	106	思考
7	장부	57	거칠 황	107	方式
8	제사	58	정자 정	108	根絶
9	정체	59	허파 폐	109	獨善
10	조각	60	품을 회	110	副作用
11	조숙	61	잡을 포	111	혼란
12	지적	62	저 피	112	世界
13	침착	63	가슴 흉	113	發展
14	편저	64	학 학	114	가식
15	허락	65	땀 한	115	說敎
16	폐습	66	항목 항	116	反對
17	여유	67	드릴 헌	117	例
18	소탈	68	위협할 협	118	生活
19	보강	69	넓을 호	119	信義
20	배제	70	간절할 간	120	喪失
21	방랑	71	덮을 개	121	쇠퇴
22	묘책	72	사이뜰 격	122	致命的
23	마멸	73	富貴	123	强調
24	단풍	74	長	124	朝變夕改
25	내진	75	理想	125	養育
26	냉동	76	難	126	當然
27	균형	77	消極	127	理論
28	극복	78	意	128	①
29	과욕	79	得	129	④
30	감염	80	常	130	⑥
31	경사	81	伐	131	⑧
32	경기	82	訪	132	⑨
33	경직	83	希	133	價格
34	서명	84	潔	134	香水
35	완급	85	聞	135	減數
36	개최	86	處	136	決死
37	참조	87	序	137	經路
38	진주	88	集	138	여러분
39	칠기	89	如	139	점점/차차
40	관용	90	態	140	아픈증세
41	행랑	91	雪	141	자기고집
42	쟁탈	92	鼻	142	거짓으로꾸밈
43	평범	93	始	143	小
44	초석	94	安	144	風
45	번성	95	廣	145	九
46	참을 인	96	心	146	曰
47	편안할 일	97	必	147	二
48	호걸 호	98	圓滿	148	学/挙
49	잠길 잠	99	個人	149	觧/兴
50	감출 장	100	公益	150	欠/歯

모의고사문제정답

3Ⅱ 제16회

#	답	#	답	#	답
1	원한	51	어금니아	101	명백
2	유적	52	가슴 흉	102	의욕
3	장수	53	익힐 습	103	老學者
4	회귀	54	샘 천	104	世代
5	축하	55	밝을 철	105	歲月
6	취흥	56	탑 탑	106	志操
7	건각	57	낱 개	107	純一
8	임대	58	집 주	108	信念
9	정원	59	기 기	109	高貴
10	평전	60	아침 단	110	獨立
11	토양	61	매화 매	111	運動
12	여유	62	호반 무	112	政治
13	삼강	63	웃음 소	113	增加
14	역할	64	①	114	退步
15	거리	65	③	115	下降
16	탈옥	66	②	116	報恩
17	음양	67	③	117	失敗
18	미모	68	③	118	⑥
19	보통	69	秋	119	①
20	유림	70	夜	120	③
21	약속	71	新	121	⑦
22	왕릉	72	惡	122	④
23	비극	73	孫	123	九
24	혈맹	74	朝鮮	124	肉
25	가교	75	先生	125	安
26	애독	76	색채	126	交/約/材
27	예선	77	民族	127	必
28	청소	78	感情	128	勝
29	하계	79	時調	129	田
30	길흉	80	講義	130	食
31	위원	81	事實	131	五
32	투고	82	精神	132	心
33	우유	83	直結	133	死地
34	공군	84	多幸	134	史前
35	공경	85	絶望	135	過去
36	창문	86	敎育	136	改良
37	그르칠오	87	定式	137	政府
38	다를 타	88	日本	138	참고 견딤
39	사랑 자	89	윤리	139	끝까지달림
40	임금 군	90	人口	140	두부모님
41	길 영	91	雄飛	141	모래벌판
42	서리 상	92	法律	142	처음 만듦
43	보일 시	93	公用	143	日
44	두터울후	94	規制	144	子
45	한가할한	95	해석	145	宀
46	새 조	96	우수	146	勹
47	계집종비	97	課程	147	艹
48	눈 설	98	단계	148	会
49	깃 우	99	數	149	区
50	권세 권	100	간단	150	万

3Ⅱ 제17회

#	답	#	답	#	답
1	판결	51	줄기 맥	101	代案
2	양도	52	살찔 비	102	友好
3	근거	53	무늬 문	103	關係
4	투쟁	54	사랑채랑	104	유지
5	치환	55	무리 류	105	重要
6	충격	56	소반 반	106	敎師
7	개혁	57	뽑을 발	107	基本
8	계획	58	모양 모	108	授業
9	공약	59	받을 봉	109	侵害
10	효율	60	다리 각	110	支給
11	저자	61	쌓을 저	111	背景
12	승진	62	고할 고	112	精神
13	낭비	63	무리 등	113	確認
14	박복	64	공 공	114	原則
15	절반	65	자주빛자	115	政府
16	부패	66	긴할 긴	116	集團
17	유혹	67	힘쓸 노	117	責任
18	겸비	68	성낼 노	118	利
19	이륙	69	그윽할유	119	空
20	비행	70	③	120	煙
21	모범	71	④	121	爲
22	근육	72	③	122	減
23	상황	73	②	123	濟
24	발사	74	①	124	變
25	계기	75	斷	125	葉
26	균형	76	急	126	麗
27	위험	77	眞	127	走
28	심각	78	買	128	③
29	적절	79	呼	129	①
30	무장	80	建設	130	④
31	억지	81	快樂	131	②
32	정세	82	着席	132	⑤
33	생존	83	內容	133	高度
34	번영	84	恩惠	134	右手
35	목표	85	大統領	135	商術
36	우려	86	意圖	136	面識
37	동맹	87	如前	137	下界
38	몽상	88	過小	138	좋은배우자
39	박차	89	평가	139	요구를받아들여허락함
40	부담	90	安保	140	설날
41	주변	91	위협	141	탄식하는소리
42	위로	92	明記	142	앉아서보기만함
43	진흙 니	93	多幸	143	寸
44	띠 대	94	當然	144	工
45	낯 안	95	分量	145	凵
46	벌릴 라	96	獨自的	146	戈
47	골 동	97	現實性	147	目
48	비낄 사	98	方法	148	欠
49	숨길 비	99	平和	149	区
50	볼 람	100	强化	150	兴

3Ⅱ 제18회

#	답	#	답	#	답
1	통곡	51	찾을 방	101	正直
2	녹화	52	자랑할과	102	一世
3	회유	53	본뜰 모	103	筆法
4	동상	54	쓸 소	104	기묘
5	염소	55	의뢰할뢰	105	德行
6	궁색	56	갑자기홀	106	겸비
7	침구	57	넘을 월	107	新入
8	유희	58	뜻 취	108	社員
9	천대	59	편안할일	109	面接
10	약간	60	따를 수	110	水準
11	희미	61	속 리	111	考課
12	긴박	62	사이뜰격	112	實施
13	체납	63	부칠 부	113	感知
14	잠적	64	빼앗을탈	114	原因
15	간청	65	오히려유	115	樹立
16	답습	66	②	116	技術
17	부양	67	④	117	必要
18	압축	68	①	118	無
19	돌기	69	③	119	獨
20	촉매	70	②	120	難
21	삭제	71	愛	121	支
22	투철	72	益	122	仙
23	환희	73	陰	123	齒
24	장려	74	背	124	寒
25	추억	75	單	125	變
26	융숭	76	承認	126	盛
27	현저	77	和解	127	笑
28	경화	78	惡化	128	④
29	천박	79	遠洋	129	⑦
30	맥락	80	義務	130	①
31	철권	81	當局	131	⑤
32	영혼	82	후원	132	②
33	비만	83	全體	133	加工
34	칭송	84	活氣	134	師弟
35	정숙	85	헌신	135	調査
36	우려	86	結果	136	主演
37	막역	87	勞苦	137	救助
38	강녕	88	치하	138	부지런함
39	밀칠 배	89	俗談	139	불을 끔
40	익숙할관	90	眞理	140	숨어서 삶
41	호걸 호	91	達觀	141	가락지
42	이를 위	92	所産	142	강을 건넘
43	잡을 집	93	佛敎	143	儿
44	보낼 수	94	귀신	144	口
45	쓸 비	95	經書	145	子
46	다락 루	96	주역	146	母
47	자취 적	97	自信	147	木
48	짐승 축	98	性格	148	軽
49	깨달을오	99	親密	149	灯
50	주춧돌초	100	賢明	150	声

모의고사문제정답

3Ⅱ 제19회

#	답	#	답	#	답
1	박대	51	설 립	101	수송
2	마멸	52	쉴 식	102	획기적
3	백부	53	고울 려	103	變化
4	사족	54	방해할방	104	間接
5	기강	55	우러를앙	105	영향
6	운니	56	칠 벌	106	돌풍
7	계수	57	기를 양	107	展望
8	시설	58	납 신	108	비만
9	선율	59	③	109	초래
10	당분	60	①	110	食品
11	뇌동	61	③	111	稅金
12	육교	62	①	112	導入
13	경신	63	①	113	주장
14	전쟁	64	守/防	114	注目
15	이면	65	難	115	健康
16	계보	66	勝	116	統制
17	착각	67	僞/假	117	수요
18	추적	68	賢	118	城
19	광구	69	單純	119	擧
20	쾌락	70	結果	120	過
21	측근	71	本質	121	神
22	석탑	72	密集	122	深
23	택지	73	減退	123	好
24	즉사	74	半島	124	敵
25	파문	75	平和	125	才
26	연락	76	保障	126	萬
27	사막	77	協議	127	逆
28	부인	78	參加	128	心
29	자객	79	海外	129	玄
30	관장	80	硏修	130	儿
31	촉박	81	空港	131	戈
32	이을 계	82	始作	132	玉
33	모을 축	83	最惡	133	⑥
34	도울 도	84	경영	134	①
35	굽힐 굴	85	실적	135	⑦
36	창자 장	86	記錄	136	②
37	바칠 공	87	電話	137	③
38	장려할장	88	情報	138	角度
39	덮을 개	89	通信	139	書房
40	계절 계	90	간판	140	傳聞
41	나타날저	91	利益	141	衆口
42	부지런할근	92	할인	142	鮮明
43	남길 유	93	列車	143	시어머니와며느리
44	그 기	94	運行	144	편하게보도록만든책
45	그윽할유	95	환경	145	사들임
46	허락할낙	96	活魚	146	맨끝부분
47	맑을 담	97	동면	147	숨겨두는방법
48	원할 원	98	技術	148	仏
49	무리 등	99	開發	149	党
50	삼갈 신	100	거리	150	担

3Ⅱ 제20회

#	답	#	답	#	답
1	편승	51	비낄 사	101	筆記
2	분노	52	높을 륭	102	考査
3	삭감	53	부세 부	103	人性
4	고취	54	입을 피	104	面接
5	친목	55	거의 태	105	先進
6	부양	56	부끄러울치	106	統一
7	오심	57	품을 회	107	在野
8	점차	58	베풀 선	108	民族
9	속편	59	줄기 간	109	假說
10	연마	60	샐 루	110	公演
11	포획	61	돌 순	111	藝術
12	전횡	62	조정 정	112	創意
13	비명	63	탄식할탄	113	禁止
14	기부	64	넓힐 척	114	眞實
15	모함	65	힘쓸 려	115	恩惠
16	유희	66	끝 단	116	原因
17	주전	67	새길 명	117	承認
18	가치	68	밥 반	118	康
19	쟁탈	69	쓸 소	119	備
20	안대	70	사양할양	120	衆
21	잔설	71	밟을 천	121	廣
22	치하	72	발자취적	122	草
23	희열	73	①	123	衣
24	번성	74	④	124	送
25	장부	75	②	125	走
26	답습	76	④	126	賢
27	긴박	77	③	127	集
28	순간	78	凶	128	口
29	인내	79	陰	129	亠
30	경미	80	密	130	土
31	벌채	81	罰	131	甘
32	한증	82	任	132	士
33	의뢰	83	近世	133	②
34	연석	84	發信	134	⑤
35	빈곤	85	敎育	135	③
36	견강	86	重大	136	⑦
37	망루	87	應辯	137	①
38	이전	88	方式	138	前期
39	투철	89	他律	139	正當
40	피폐	90	注入	140	救助
41	단풍	91	爲主	141	自然
42	기발	92	情報	142	香水
43	염료	93	時代	143	겉과 속
44	축사	94	要求	144	다리
45	소진	95	論理	145	강을건너
46	달 현	96	展開	146	잠이깊이듦
47	세로 종	97	明確	147	경계를넘음
48	짝 우	98	職員	148	条
49	굳을 경	99	學歷	149	囲
50	진흙 니	100	制限	150	釈

3Ⅱ 기출예상 [가]

#	답	#	답	#	답
1	점차	51	얼 동	101	放課後
2	도달	52	건널 도	102	授業
3	조만	53	거울 감	103	實施
4	담소	54	씩씩할장	104	所有
5	장부	55	항목 항	105	物質
6	동안	56	막을 거	106	爲主
7	감독	57	맺을 계	107	提示
8	악귀	58	푸를 창	108	方法
9	기병	59	적을 과	109	講師
10	포목	60	꾀 책	110	硏究
11	공란	61	부지런할근	111	內容
12	필사	62	뜻 취	112	每週
13	유람	63	부칠 기	113	全員
14	신랑	64	다락 루	114	發表
15	열위	65	들일 납	115	共同
16	재화	66	푸를 록	116	協議
17	양력	67	진흙 니	117	背景
18	환영	68	지날 력	118	知識
19	우롱	69	끝 단	119	說明
20	비율	70	나그네려	120	統合
21	은막	71	밝을 랑	121	强調
22	사막	72	무리 대	122	進行
23	망상	73	②	123	男
24	변호	74	①	124	動
25	허약	75	①	125	唱
26	유구	76	③	126	流
27	가결	77	④	127	馬
28	도읍	78	增/加	128	難
29	귀가	79	來/復	129	戰
30	장려	80	寒	130	食
31	쌍안	81	入	131	古
32	두각	82	始/初	132	赤
33	가로	83	義務	133	誤記
34	익조	84	肉體	134	受注
35	용감	85	快樂	135	先父
36	간선	86	理性	136	非命
37	완급	87	建設	137	開演
38	경축	88	③	138	못본체내버려둠
39	억압	89	①	139	날짐승과 길짐승
40	거상	90	⑧	140	다리
41	영일	91	⑤	141	도로 빼앗아 찾음
42	노호	92	⑥	142	물시계
43	경영	93	學生	143	月(肉)
44	앙망	94	關心	144	夕
45	단서	95	集中	145	广
46	벌릴 라	96	最大	146	大
47	복숭아도	97	效果	147	小
48	무리 등	98	廣告	148	仮
49	갑자기돌	99	現代人	149	党
50	엿 당	100	當身	150	声

기출예상문제정답

3II 기출예상 [나]

#	답	#	답	#	답
1	만족	51	삼갈 신	101	到達
2	차입	52	간절할 간	102	調和
3	득표	53	더할 익	103	상태
4	향수	54	외로울 고	104	高遠
5	무예	55	공부할 과	105	識見
6	여비	56	편안 녕	106	敎授
7	총수	57	글 장	107	最近
8	매형	58	어릴 유	108	實施
9	종영	59	거느릴 령	109	發表
10	필적	60	화목할 목	110	結果
11	한탄	61	구름 운	111	政治
12	길흉	62	덜 손	112	經濟
13	담임	63	펼 연	113	적합
14	근면	64	②	114	상화하택
15	가식	65	①	115	분열
16	모정	66	④	116	都市
17	부활	67	⑤	117	生産
18	건설	68	⑥	118	論爭
19	영향	69	愛	119	理念
20	여차	70	敗/負	120	兩極
21	만종	71	春	121	심각
22	노송	72	惡	122	農民
23	주기	73	出	123	正規
24	급증	74	形式	124	勞動者
25	비속	75	單純	125	지적
26	관조	76	精神	126	非難
27	이주	77	安全	127	意味
28	침묵	78	小人	128	順位
29	호흡	79	田	129	斷然
30	역경	80	福	130	빈곤
31	절제	81	知	131	開放
32	탈피	82	名	132	自殺
33	세관	83	手	133	思想
34	수연	84	來	134	大器
35	동계	85	律	135	再考
36	추측	86	感	136	童詩
37	감독할 독	87	亡	137	朝鮮
38	깨달을 오	88	李	138	②
39	마실 음	89	手	139	③
40	버금 부	90	广	140	④
41	깨달을 각	91	戈	141	①
42	절 배	92	木	142	③
43	어지러울 분	93	口	143	모으다
44	던질 투	94	다양	144	참고 견딤
45	높을 탁	95	豊富	145	한가하고 고요함
46	뜰 정	96	個性	146	덜어서 줄어듦
47	넉넉할 우	97	목표	147	성스러운 노래
48	차례 질	98	統一	148	区
49	쾌할 쾌	99	集中	149	礼
50	참 진	100	要所	150	応

3II 기출예상 [다]

#	답	#	답	#	답
1	난간	51	밤 률	101	表面
2	용상	52	사양할 양	102	理論
3	발군	53	인륜 륜	103	程度
4	취객	54	힘쓸 려	104	視線
5	등록	55	꾀할 기	105	認識
6	아담	56	층계 단	106	意見
7	다방	57	보리 맥	107	硏究
8	의뢰	58	힘쓸 노	108	具色
9	지구	59	숨길 비	109	結果
10	능곡	60	집 우	110	最近
11	점거	61	새 을	111	發生
12	호우	62	얼 동	112	重要
13	면학	63	모래 사	113	直觀
14	분노	64	작을 미	114	方案
15	강령	65	덜 손	115	注目
16	융성	66	따를 수	116	自信
17	계몽	67	힘줄 근	117	廣告
18	제사	68	무리 대	118	熱風
19	맹랑	69	힘쓸 면	119	說得
20	여권	70	이길 극	120	現狀
21	납량	71	쾌할 쾌	121	當然
22	누락	72	그릴 모	122	思考
23	자당	73	①	123	改
24	노숙	74	④	124	引
25	원단	75	②	125	必
26	협찬	76	⑨	126	命
27	나열	77	⑩	127	聲
28	독주	78	勝	128	數
29	고부	79	急	129	斷
30	번영	80	起	130	除
31	압권	81	假	131	逆
32	농담	82	動	132	義
33	비명	83	暗黑	133	江邊
34	경작	84	活用	134	類書
35	도산	85	個別	135	富商
36	지혈	86	開放	136	苦戰
37	고려	87	集中	137	是正
38	도망	88	口	138	④
39	시각	89	頁	139	②
40	쇠약	90	手	140	②
41	추궁	91	二	141	③
42	가교	92	弓	142	①
43	편람	93	準備	143	모아 쌓음
44	관철	94	物件	144	힘든 일
45	당파	95	食卓	145	위태로운 형국
46	다를 이	96	製品	146	공격과 방어
47	고기잡을 어	97	賣買	147	엄한 아버지
48	막을 저	98	價格	148	宝
49	긴할 긴	99	調査	149	卆
50	걸음 보	100	筆者	150	欠

3II 기출예상 [라]

#	답	#	답	#	답
1	겸양	51	복숭아 도	101	가산점
2	대장	52	갈 마	102	기업
3	계몽	53	샐 루	103	競爭
4	삼엄	54	시렁 가	104	重要
5	구금	55	기와 와	105	變數
6	손괴	56	가지 지	106	下半期
7	완급	57	쇠사슬 쇄	107	當局
8	취주	58	잔치 연	108	非常
9	독촉	59	부를 초	109	强化
10	청부	60	막힐 체	110	次元
11	좌선	61	③	111	集中
12	자연	62	①	112	開設
13	견집	63	①	113	지원
14	부역	64	④	114	다양
15	정적	65	②	115	創意
16	미천	66	早	116	思考
17	사욕	67	榮	117	精神
18	회오	68	任	118	저서
19	유폐	69	尊/高	119	最初
20	은밀	70	表	120	世界
21	어전	71	結果	121	法律
22	칠흑	72	快樂	122	治安
23	견습	73	勝利	123	혼례
24	장려	74	眞實	124	近代
25	호위	75	自立	125	西洋
26	권투	76	命	126	知識
27	치어	77	雄	127	正直
28	온후	78	良	128	農家
29	한증	79	一	129	處女
30	발검	80	價	130	地位
31	하선	81	億	131	品格
32	배려	82	康	132	逆境
33	막심	83	炭	133	⑤
34	날릴 양	84	賞	134	③
35	용서할 서	85	鄕	135	⑥
36	보배 진	86	儿	136	⑦
37	트일 소	87	口	137	④
38	항상 항	88	戈	138	市街
39	실을 재	89	鹿	139	政經
40	오를 승	90	手	140	先約
41	가지런할 제	91	불멸	141	受領
42	칠 토	92	영화	142	水災
43	빛날 화	93	남측	143	도읍을 옮김
44	찌를 충	94	차이	144	제사에 쓰이는 재료
45	머무를 정	95	理解	145	눈동자가 파란 눈
46	언덕 아	96	工夫	146	실마리
47	씻을 세	97	熱風	147	앞의 일을 미리 알림
48	이지러질 결	98	채용	148	団
49	따뜻할 난	99	過程	149	鉄
50	엎드릴 복	100	소지자	150	仮